雪球
xueqiu.com
雪球投资经典

攻守

可转债投资实用手册

饕餮海 定风波 优美 著

中国经济出版社
CHINA ECONOMIC PUBLISHING HOUSE
·北京·

图书在版编目（CIP）数据

攻守：可转债投资实用手册／饕餮海，定风波，优美著. --北京：中国经济出版社，2020.6（2022.8 重印）

ISBN 978-7-5136-6116-4

Ⅰ.①攻… Ⅱ.①饕…②定…③优… Ⅲ.①证券投资-手册 Ⅳ.①F830.91-62

中国版本图书馆 CIP 数据核字（2020）第 051919 号

责任编辑　燕丽丽
责任印制　马小宾
封面设计　赵　飞

出版发行　中国经济出版社
印 刷 者　北京艾普海德印刷有限公司
经 销 者　各地新华书店
开　　本　710mm×1000mm　1/16
印　　张　12
字　　数　143 千字
版　　次　2020 年 6 月第 1 版
印　　次　2022 年 8 月第 7 次
定　　价　59.00 元
广告经营许可证　京西工商广字第 8179 号

中国经济出版社 **网址** www.economyph.com **社址** 北京市东城区安定门外大街 58 号 **邮编** 100011
本版图书如存在印装质量问题，请与本社销售中心联系调换（联系电话：010-57512564）

前 言

活着，才有将来；不亏，才有复利

2020年跨年倒数不久，上小学六年级的女儿要放寒假了。一天，饕餮海加我微信，邀我写书，内容是关于可转债投资。他来找我，是因自2011年以来，我陆续写了些理财文章发在网络，涉及债券、可转债、分级基金、房产、现金管理等。饕餮海在雪球网有众多"粉丝"，曾多次推荐我的文章，我在雪球网多次见他"圈"我。只因我是个寡言的人，鲜有互动，但心存谢意。所以，他来邀我，必不能推辞。

按分工，饕餮海和定风波承担成书的主要工作，我整理自己过往文章中可转债相关部分交由饕餮海，以填充书中基础知识。他特别嘱咐我定要写个前言，说我文字较亲切，零基础的理财小白不会望而生畏。答应他后，我就切换成24小时陪娃模式了。娃放假在家，我静不下心来写。我心想，还是过完年回来再写吧，接着带娃去天津爷爷奶奶家过年。

可是，年还没过完，我已无心写书了。因为，疫情来了！

今年春节有强烈的不真实感。因为新冠疫情，爷爷的八十寿宴临时取消；因为害怕封城，我们年初二买机票提前回深圳。回程时，机场人人戴着口罩，神情紧张。

机场很冷清，忽然涌进百十余人，十数名医护装扮的小姑娘推着行李车鱼贯而入，车上堆着成箱的医疗物资。有人打着旗帜，有人抱着鲜花，众人合影拥抱告别，周围记者拍照采访。定睛细看，是准备启程的天津医疗队，那张张年轻面庞，镜头前面带笑容，想到她们是要上“战场”，我不禁有些泪目。

飞机上，我嘱咐孩子全程莫摘口罩，直到推开家门，内心的兵荒马乱才稍安定。接下来是两周的自我隔离，足不出户。几天前爷爷奶奶还对疫情毫不上心，几天后他们开始叮嘱我千万别出门！和亿万国人一样被禁足家中，日日传来新的消息：刷新的确诊数据，抗疫前线医生的惨烈，病者的哀号，家属的哭泣。一阵阵的焦虑、恐惧、悲悯、希望，潮水般推动着人们的心情起落。

生活突然变了，每日只能隔着窗玻璃看外面阳光明媚、春风正好。待在屋内，大量时间刷手机囤物资，不断在网上找口罩。一周前药店里口罩就已售空，酒精也一瓶没有。花了很多时间，我拍了几个订单，没几日都通知不能发货。一个多月前才 3 角钱一个的医用外科口罩涨到了 5 元，紧接着是花钱也买不到了。没有口罩，大家都担心出行与复工。

复工时间一再推迟，从初七推到元宵节后，仍无定数。最准时复工的，居然是证券市场的股民和债民。2 月 3 日，上证指数跌幅超过 7%，我满仓可转债回撤 3% 以上，两三天后损失全数回血并上新高。面对涨跌却无悲无喜，不只是因为早习惯市场的波动，还有在健康和安全面前，钱变得微不足道。危险降临时它不能保证我们在医院有个床位，甚至连一个口罩也买不到。短短十几日，很多人的心理受到巨大冲击，我是其中一个。

我有意无意把写书一事抛诸脑后，不想提起。在医者的牺牲、生命的逝去面前，理财赚钱轻如鸿毛。我内心曾有的笃定也有些许动摇，而这些在“钱荒”和“股灾”时我都不曾有过。那就是，真正极端事件面前普通人常有无力感，比如面对战争和瘟疫。正如最近常看到的一句话：时代的一粒灰，落到普通人头上，就是一座山。系统性风险来临，谁能躲过？能躲过厄运，也许并非能力，而是运气罢了。

我的运气是不错的。理财收益可以让我不用上班便能支持全家人生活，疫情期间可以待在家中较安全地工作。我是市场的受益者，我还有一些读者的关注，可此叫我疑惑，这值得学习吗？没有医者救命，有钱也无福享受；没有农人稼穑工人生产，拿着大把钱可能一棵青菜也买不到。他们每天都在为我们能正常生活而努力。此时谈理财，让我惭愧。

于是，我每日在家隔离，陪孩子做蛋糕、看电影，听孩子练琴，而不是去想怎么写本理财书，似乎更好受些。在世事无常的洪流中，貌似岁月静好的日常能给人些许安慰。直到一天晚上，饕餮海微信留言，问稿件写得如何？答应的事情没落实，我一时不知如何作答。他说，不急，最近工作也很忙，也要等休息下来再写。我这才知道饕餮海是医生！

我有些吃惊，还有些触动。他最近白天忙工作，晚上抽时间写书。我顿时为自己的逃避感到羞愧。我一边嘱咐他注意安全，不要太辛苦；一边想，答应过的事情总要静下心来做。

我在魔幻现实中随波逐流，但终究要去面对真实世界。

有人说病毒一视同仁，不会只感染穷人，但在灾难来临时，没钱会更加无助。禁足家中不能复工，个人的房租、房贷、生活开支仍要支付，商户的固定开支也不能完全免除。若平日没有积蓄，没打理好财产，具备强韧的现金流，这个冬天实在难熬！

疫情面前，有人对钱看开了，认为多少钱都不如“活着”重要，不如“家人平安”可贵；也有人对钱更看重了，因为手里没钱就得出门开工养家糊口，把自己暴露在更多的风险中。我们都明白了，钱不是最重要的！钱的作用恰恰是让人在风险来临时多一点保护，多一点回旋余地。

我也曾干过辛苦却收入微薄的工作，也曾创业并深知其中不易，还曾是个上班妈妈，带娃工作两头熬。手停口停的尴尬，现金流断裂的风险，职业中断的隐忧，我都有过体会。在学会理财之前，我在经济上的抗风险能力比现在低得多。

怎么理财？很多理财新手常问：买哪个理财产品好，或是现在可不可以买房，股市会不会涨，这类的问题。这些问题很难回答。因为理财是极具个性化的系统工程，并没有整齐划一的答案。每个人的条件不同，所遇风险不一样。简单回答“好不好”“可不可”是危险的，因为只看到期望的收益，而忽略了潜在的风险。

比如买房，在同一个时间点，对手中有足够现金和月供资金却未购买首套房的人来说，我通常都建议尽快买下自住房；而对手中已有几套房，但现金储蓄加上每月收入都扛不过一年就可能断供的人来说，当务之急是卖房降杠杆。于前者，持币观望的损失是，可能房价涨到终于他买不起，严重影响生活质量；对后者来说，最大的损失可能是断供、房产被拍卖，付了大笔的贷款利息，倒在了房价低谷里，甚至落得个负资产。

在投资中，决定我们能否长期赚钱的，并不是可能赚多少，而是我们是否输得起！

大多数人在做理财决策的时候，对可能的收益想得太多，对最大损失想得太少，以致后来被“浮亏”这把镰刀收割干净，黯然离场。一个成熟的低风险偏好的投资者，首先考虑的是本金的安全。正如价值投资大师格雷厄姆多次在他的书中提到，投资的第一要义就是“保住本金”，确保本金的安全并获得适当的回报。

如果“保本”第一重要，那把钱都存在银行吃利息不是最安全吗？当然不是！因为虽然本金安全，但收益极低，长期看注定被通胀侵蚀。理财，就像训练一支足球队，需要有一个好的守门员守住“本金”不损失或少损失，还要有一群进攻力强的球员去获取更高“收益”。钱存在银行吃利息，仅保住了本金，但完全失去获得更高收益的可能性。

怎么在安全的基础上，获得适当的回报？那就是，找到一种“风险小收益大”的风险收益不对称的投资品种或策略。这类品种和策略就像一枚两面赚赔不同的硬币，抛得正面赚2元，反面亏1元，只要有耐心地坚持抛这个硬币，总会赢得可观的收益。

在过去的8年多中，我一直在学习、寻找这类投资品种和策略。从打新股开始，企业债、正回购、可转债、分级A、房产、期货、期权等都学习和尝试过，有的捋了几遍，逐渐形成了稳定的投资体系。

回顾这些年，在不同阶段各有一些品种有着很好的表现。2014年以前，打新股不用配市值，只要冻结资金，债券正回购套作加上打新股，是一条低风险高收益的好策略。2014年初，“钱荒”过后开始降息，资金宽松，债市回暖，企业债和分级A获得不错收益。2015年，股市进入牛市，趴了几年的可转债跟着吃到大肉。后来的一年，股市走熊，分级A通过“下折”收割分级B获得超额收益。到2019年初，可转债又迎来了春天，一年多的慢牛行情持续至今。

好些品种，都是大概率赚钱的“硬币”。

企业债：只要不违约，至少可以长期收利息，最差的情况持有到期拿回本金。如果在降息的背景下，可以获得超额收益。

分级A：本身类似永续债券，股市大涨，它安心收分级B的利息；

股市大跌，折价多的分级A可以通过“向下折算”获得超额收益。

可转债：被称为“保本的股票”。说它保本，是因为它是低息债券，熊市中正股大跌，它有债性保底不亏本；说它是股票，因为牛市时正股大涨，它可转换成股票，价格会跟随正股上涨，投资者由此获得超额收益。之前投资界有“不可能三角”的说法——高收益、低风险、充沛的流动性无法同时存在。应该说绝大多数投资品是这样的，但可转债是其中一个“BUG”，它完美地实现了高收益、低风险、充沛流动性的共存。

以上这几个品种的规则非常清晰，安全边际容易计算，又有获取超额收益的机会，很适合低风险偏好的投资者。

只是，近两三年来企业债和分级A由于政策的限制，投资门槛提高，交易量萎缩，市场容量和机会越来越少。相反，可转债市场这两年蓬勃发展，2017年交易所还仅有20余只可转债，两年多时间发展到200多只。市场的扩容，使可转债的投资策略也有了丰富的空间。无论是“摊大饼”还是“轮动”，都有了更多的选择，也就有了实现更高收益的可能性。

投资可转债可以期望多高的收益率呢？我曾经做过一个回测，以一种最保守最简单的“摊大饼”策略——“100元以下平均买进，最后交易日收盘前卖出”，绝对收益率达50%以上，复合年化收益率约16%。这个策略不用花多少时间和精力，非常适合每天要上班没时间看盘的普通人。

对有时间研究，或更专业的投资者来说，可转债又提供了更多收益的可能性。比如“轮动”“下修博弈”“事件驱动”“转股套利”等。

可转债是一种普通投资者容易学习理解和掌握的投资品种，随着可转债市场的扩容，也能容纳更多的投资者参与其中。

但是，可转债适合低风险偏好的投资者，并不代表随便买只可转债或可转债基金就可以赚钱！在掌握它的基本规则之前，不搞清状况就随意行事，可能会面临巨大的亏损！比如高价买入即将“强赎”的可转债持有到摘牌，你可能花200多元买入，短短几天只能收回100元债券本金和几元利息。

格雷厄姆在《聪明的投资者》中说：“要想在一生中获得投资的成功，并不需要顶级的智商、超凡的商业头脑或秘密的信息，而是需要一个稳妥的知识体系作为决策的基础，并且有能力控制自己的情绪，使其不会对这种体系造成侵蚀。”

可转债的规则非常清晰！正如格雷厄姆所说，理解和掌握它不需要顶级的智商和超凡的头脑，小学数学基础就足够用。我们需要的是花一点耐心，把它的规则了解清楚之后，形成自己完整的投资策略，有信心执行下去。只有熟悉，才能相信；唯有相信，才能理解它的价值，敢于在便宜的时候买入，并且在市场的大幅波动中控制情绪，最终获得超额收益。

活着，才有将来；不亏，才有复利。

优 美

2020年春于深圳

目　录

第一章　可转债的基础知识 …… 1
第一节　什么是可转债 …… 3
第二节　可转债的基本要素 …… 5
第三节　可转债其他重要概念 …… 15
第四节　可转债的盾与矛——债性和股性 …… 19
第五节　抓住四要素，快速读懂可转债 …… 21

第二章　可转债交易的基本规则与流程 …… 27
第一节　交易基本规则 …… 29
第二节　可转债发行与网上申购 …… 36
第三节　股东如何参与可转债的优先配售 …… 41
第四节　可转债转股流程 …… 43

第三章　可转债交易进阶探讨 …… 47
第一节　可转债到期赎回兑付，如何缴税 …… 49
第二节　可转债配售中的精确算法原则 …… 52
第三节　可转债转股价格调整 …… 54

第四节　有条件赎回（强赎）的条件 …… 58
第五节　回售及其计数 …… 60
第六节　中签率测算：网上发行 …… 66
第七节　中签率测算：网下发行 …… 70
第八节　交易价格估算 …… 74
第九节　网下申购：机构投资者的盛宴 …… 79
第十节　可转债和可交债的区别 …… 83
第十一节　可转债 VS. 可交债：牛市都一样，熊市大不同 …… 87

第四章　可转债交易策略 …… 91

第一节　网上申购策略 …… 93
第二节　抢权配售策略 …… 96
第三节　“一手党”超额配债策略 …… 100
第四节　折价套利策略 …… 103
第五节　正股替代策略 …… 106
第六节　“下修博弈”策略 …… 108
第七节　防守之“双低”策略 …… 112
第八节　进攻之“低溢价”策略 …… 116
第九节　中庸之“摊大饼”策略 …… 123

第五章　关于可转债的 88 个问答 …… 127

附　录 …… 155

1. 可转债大事记 …… 155
2. 2017 年可转债发行和申购数据 …… 158

3. 2018 年可转债发行和申购数据 …………………………………… 160
4. 2019 年可转债发行和申购数据 …………………………………… 163
5. 2017 年以来发行的可转债已退市数据
(2017 年 9 月 25 日—2020 年 4 月 30 日) …………………………… 168
6. 可转债相关的部分法律、法规及规则 ………………………………… 170
7. 数据来源和相关网站 ………………………………………………… 171

后 记 …………………………………………………………………… 173

第一章 可转债的基础知识

第一节　什么是可转债

可转债全称为“可转换公司债券”，是指公司依法发行、在一定期间内依据约定的条件可以转换成本公司股票的公司债券。

简单地说，可转债就是可以转换成股票的债券。转换之前，它是债券，可以获得本金偿还和票面利息；转换之后，就变成了一定数量的股票。因此，股票价格的上涨也会带动所对应可转债价格的上涨——可转债兼具“债性”和“股性”的特点。当股票大涨时，持有可转债可以享受股票上涨带来的收益；当股票大跌时，可转债因其债券属性，会有一个安全保障底线。因此，对于投资者来说，可转债可谓是“进可攻、退可守”。

同时，对于整个市场来说，可转债也形成了“四方共赢”的局面。

对融资企业来说，可转债融资具有一定优势，主要包括：流程更短、限制更少、发行成本更低、市场接受度更高、对上市公司股价冲击更小。

对企业中小股东来说，相比定向增发，对其持股摊薄程度更小；公司顺利融资后，带来的企业良性发展也将对股价有进一步提振作用。

对可转债投资者来说，可转债违约风险低，公司促转股意愿较强、下修案例较多，对投资者友好。历史上，绝大部分可转债都是发起“强赎”以转股告终。可转债持有人“赚钱效应”良好。

对监管层来说，可转债丰富了资本市场的投资品种，满足了低风险投资者配置资产的需求，缓解了上市企业的资本约束，有助于脱虚向实，进一步增强金融服务实体经济的能力。

正是由于上述原因，自 2017 年 9 月可转债信用申购以来，可转债发行数量、募集金额逐年提升，目前已成为上市公司融资最主要的工具之一。

第二节　可转债的基本要素

了解可转债，起点是可转债发行公告，其中包含关于可转债的所有基本信息。我们以2019年11月发行的浦发转债（110059）（对应正股为浦发银行）为例，简要介绍可转债的基本要素。

本书其他章节也会用到浦发转债发行公告，建议读者在阅读本书相关内容之前，下载《上海浦东发展银行股份有限公司公开发行可转换公司债券发行公告》，以帮助理解。手机扫描如下二维码可直接打开浏览。

图1-1　浦发银行可转债发行公告浏览二维码

表1-1　浦发转债（110059）基本要素汇总

名称和代码：浦发转债（110059）		对应正股：浦发银行（600000）	
发行规模：500亿元	发行价格：100元	债券期限：6年	信用评级：AAA
有无担保：无	转债价格：100元	本息合计：117.80元	税前年化收益：2.84%

续表

正股价格：13.05 元/股	转股价格：15.05 元/股	转股价值：86.71 元	溢价率：15.33%
转股代码：190059		转股起始日：2020-05-04	
有无回售	无回售		
转股价格下修条件	①当公司普通股股票在任意连续 30 个交易日中有 15 个交易日的收盘价低于当期转股价格的 80% 时；②修正后的转股价格不低于股东大会召开日前 20 个交易日和前 1 个交易日公司普通股股票交易均价，同时修正后的转股价格不低于最近一期经审计的每股净资产和股票面值		
强制赎回	公司普通股股票连续 30 个交易日中至少有 15 个交易日的收盘价格不低于当期转股价格的 130%（含 130%）		
利率	第一年 0.20%、第二年 0.80%、第三年 1.50%、第四年 2.10%、第五年 3.20%、第六年 4.00%		
到期赎回价格	110 元（含最后一年利息）		
税前 YTM 值（X）计算公式	$110.00/(1+x)^6+3.20/(1+x)^5+2.10/(1+x)^4+1.50/(1+x)^3+0.80/(1+x)^2+0.20/(1+x)^1=100.00$		

数据来源：集思录，时间截至 2019 年 10 月 24 日。

一、名称和代码

简称为“浦发转债”，债券代码为：110059。

解读

沪市可转债代码前三位以 110、111、113 或 118 开头，深市可转债代码前三位以 123、127 或 128 开头。具体为：

110 开头的是沪市以 600 开头股票对应的可转债；

111 开头的是沪市以 605 开头股票对应的可转债；

113 开头的是沪市以 601 和 603 开头股票对应的可转债；

118 开头的是沪市科创板以 688 开头股票对应的可转债；

123 开头的是深圳创业板股票对应的可转债；

127 开头的是深圳主板股票对应的可转债；

128 开头的是原深圳中小板股票对应的可转债；

132 开头的是在沪市发行的可交债；

120 开头的是在深市发行的可交债。

表 1－2　可转债与对应正股的相关代码

股票代码	600 ×××	601 ×××	603 ×××	605 ×××	688 ×××	000 ×××	002 ×××	300 ×××
申购代码	733 ×××	783 ×××	754 ×××	713 ×××	718 ×××	070 ×××	072 ×××	370 ×××
配售代码	704 ×××	764 ×××	753 ×××	715 ×××	726 ×××	080 ×××	082 ×××	380 ×××
转债代码	110 ×××	113 ×××	1135 ××	111 ×××	118 ×××	127 ×××	127 ×××	123 ×××
转股代码	110 ×××	113 ×××	1135 ××	111 ×××	118 ×××	127 ×××	127 ×××	123 ×××

注：沪、深两市可转债的转股代码均与转债代码相同。

二、发行规模及发行数量

本次发行 500 亿元可转债，发行数量为 5000 万手（50000 万张）。

解读

可转债的计数单位为张（深市）或手（沪市）。1 张 = 100 元，1 手 = 10 张 = 1000 元。

三、票面金额和发行价格

每张面值人民币 100 元，按面值发行。

解读

目前沪深两市，可转债发行面值均为 100 元/张。

四、债券期限

自发行之日起六年，即 2019 年 10 月 28 日至 2025 年 10 月 27 日。

解读

可转债期限为1~6年，大部分可转债设定为5年或6年。

五、票面利率

本次发行的可转债的票面利率为：第一年0.20%、第二年0.80%、第三年1.50%、第四年2.10%、第五年3.20%、第六年4.00%。

解读

一般来说，到期赎回价格包含最后一年的利息。例如，本次发行的浦发转债到期赎回条款已明确“在本次发行的可转债期满后五个交易日内，公司将以本次发行的可转债面值的110%（含最后一年利息）的价格赎回全部未转股的可转债”。

六、还本付息的期限和方式

本次发行的可转债采用每年付息一次的付息方式，到期归还本金和最后一年利息。

解读

付息时，个人投资者按20%的比例扣除所得税（所得税由公司代扣代缴）；QFII投资者按10%的比例扣除所得税；境内机构投资者不代扣所得税。

七、信用评级及担保事项

浦发银行的主体信用级别为AAA级，本次可转债的信用等级为

AAA 级。本次发行的可转债不提供担保。

解读

可转债的信用评级按照由低至高一般分为 A－、A、A＋、AA－、AA、AA＋、AAA 一共七个等级。关于提供担保的规定是：①公司净资产不低于 15 亿元的，不需要担保；②公司净资产低于 15 亿元的，需要担保；③创业板可转债不需要担保（无论净资产是多少）。总体而言，相同评级下有担保比没有担保好。

八、转股期限

自本可转债发行结束之日满六个月后的第一个交易日起至可转债到期日止，即 2020 年 5 月 4 日至 2025 年 10 月 27 日止。

解读

转股期，是指可转债可以转股的时间段。转股期计算的基准是发行结束之日（T＋4 日）而非发行之日（T 日）。例如：浦发转债发行日为 2019 年 10 月 28 日，发行结束日为 2019 年 11 月 4 日，其转股期为发行结束日之后的六个月（2020 年 5 月 4 日）开始，至可转债到期日（2025 年 10 月 27 日）为止。

九、初始转股价格

15.05 元/股。

解读

初始转股价格，是指募集说明书事先约定的可转换公司债券转换为每股股份所支付的价格。浦发转债初始转股价格的设定满足三个条件：

①不低于募集说明书公告之日前二十个交易日股票交易均价（加权）；②不低于前一个交易日公司普通股股票交易均价（加权）；③不低于最近一期经审计的每股净资产和股票面值。

这里浦发转债的初始转股价格就是根据浦发银行2018年年报披露的每股净资产15.05元确定的。

需要说明的是，季报和半年报披露的净资产数值未经审计，不作为每股净资产的依据。这也是不少股价跌破净资产的上市企业赶在年报披露之前发行可转债的主要原因。

十、转股价格的调整和计算方式

具体条款略。

解读

发行可转换公司债券后，因配股、增发、送股、派息、分立及其他原因引起上市公司股份变动的，应当同时调整转股价格。具体计算过程比较繁杂，和投资关系不大，有兴趣的读者可以自行阅读发行公告。

十一、转股价格下修[①]

当公司普通股股票在任意连续三十个交易日中有十五个交易日的收盘价低于当期转股价格的80%时，公司董事会有权提出转股价格向下修正方案并提交公司股东大会审议表决。

修正后的转股价格应不低于审议上述方案的股东大会召开日前二十个交易日和前一个交易日公司普通股股票交易均价，同时修正后的转股

① 下修，即向下修正。

价格不低于最近一期经审计的每股净资产和股票面值。

解读

①上述条款一般简写为：15/30，80%。

②下修是公司的权利，而非必需的义务，因此并非达到上述条件就一定会下修转股价格。

③下修必须经过股东大会通过。

④股东大会进行表决时，持有可转债的股东没有投票权。为了确保下修议案能顺利通过，控股股东往往会在拟下修前清仓可转债，这一点可作为判断可转债是否会下修的线索。

⑤由于净资产的限制，事实上浦发转债无法下修。但如果其他公司在可转债发行公告里并没有“修正后的转股价格不低于最近一期经审计的每股净资产”这一表述，那么今后如果要下修转股价格，则可以突破公司净资产的限制。例如，2019 年 2 月 21 日，湖广转债（127007）转股价格成功下修到底，下修后的转股价格低于其每股净资产。

十二、转股数量的确定

在转股期内申请转股时，转股数量的计算方式为：$Q = V/P$，并以去尾法取一股的整数倍。转股时不足转换为一股的可转债余额，以现金兑付至交易账户。

其中：

Q 为转股数量；

V 为可转债持有人申请转股的可转债票面总金额；

P 为申请转股当日有效的转股价格。

解读

浦发转债发行结束半年后将进入转股期，假设期间未发生分红引起的转股价格调整，此时可转债持有人将账户内10手可转债转股，其理论转股数量 =10×1000÷15.05 =664.45（股）。由于不足一股的部分采取去尾法一律折算为现金，因此转股的下一交易日，其账户将出现664股浦发银行的股票和6.80元的现金。

十三、赎回条款

①到期赎回条款：在本次发行的可转债期满后五个交易日内，公司将以本次发行的可转债面值的110%（含最后一年利息）的价格赎回全部未转股的可转债。

②有条件赎回条款：在本次发行可转债的转股期内，如果公司普通股股票连续三十个交易日中至少有十五个交易日的收盘价格不低于当期转股价格的130%（含130%），经相关监管机构批准（如需），公司有权按照债券面值加当期应计利息的价格赎回全部或部分未转股的可转债。

此外，当本次发行的可转债未转股的票面总金额不足人民币3000万元时，公司有权按面值加当期应计利息的价格赎回全部未转股的可转债。

解读

赎回分两个完全不同的类别：一是到期赎回；二是有条件赎回，也就是我们常说的“强赎”。强赎分为两种情况，第一种一般是在转股期内，股票连续30个交易日中有15日的收盘价格不低于转股价格的130%时（条款简写为：15/30，130%）；第二种是未转股余额不足3000万元时。在可转债的历史上，绝大部分的可转债都成功以“强赎”的方式终止上市。

例如，2020 年 2 月 7 日中装建设发布公告称：“截至 2020 年 2 月 6 日收市后，中装转债收盘价为 165. 90 元/张。中装转债流通面值为 2978. 94 万元，已低于 3000 万元，已经触发《募集说明书》中约定的有条件赎回条款。根据赎回安排，截至 2020 年 3 月 19 日收市后尚未实施转股的中装转债将按照 100. 39 元/张的价格强制赎回，自本公告刊登之日起 3 个交易日后，中装转债将停止交易。停止交易日为：2020 年 2 月 13 日。中装转债停止交易后，所有债券持有人仍可依据约定的条件申请转股。停止转股日为：2020 年 3 月 20 日。”

十四、回售条款

改变募集资金用途的，可转债持有人可向公司回售。

解读

回售条款一般分为有条件回售条款和附加回售条款，除此之外，个别可转债会设置选择回售条款（如：环旭转债）。而浦发转债仅设置了附加回售条款。目前已发行的可转债，大部分会设置以下格式的有条件回售条款：

“在可转债最后两个计息年度，股票任何连续三十个交易日收盘价格低于当期转股价格的 70%，可转债持有人有权将其持有的可转债全部或者部分按债券面值加上当期应计利息回售给公司。”

回售条款是保护可转债持有人的重要条款之一。

以上 14 条就是可转债发行的主要条款。其难点在于，上述各条款往往互相作用而非完全独立。比如计算浦发转债 6 年票息总和，需要将前5年的票息总和（7.8%）加上“到期赎回条款”中的收益（10%），合计17.8%。又如转股价格下修，这个通常是公司股票价格即将触发回售条款，控股股东才有意愿提出转股价格向下修正的议案，而非达到条件就会立即向下修正。

第三节　可转债其他重要概念

一、转股价值

转股价值是指每张可转债转换成正股并卖出可以得到的金额，其单位为元。

转股价值的计算公式为：

$$转股价值=正股价格\times 100/转股价格$$

其中：

100是指所有可转债发行时的统一面值；

100/转股价格是指，理论上一张可转债可以转换为股票的数量。

例如：2020年1月2日，浦发银行收盘价为12.47元，可以计算出当日浦发转债的转股价值$=12.47\times 100/15.05\approx 82.86$（元）。

转股价值是一个动态的数值，股票交易时段，转股价值随对应正股的价格变化而变化。

转股价值的运用主要在于三方面：

一是可转债发行时判断其是否具有申购价值和配售价值。一般来说，可转债转股价值高于100元，就具备申购价值和配售价值。具体考量时，还需要结合对应正股质地、转债评级、现存可转债的折溢价率等多个因素。

二是判断可转债是否达到“强赎”、回售的标准。比如浦发转债的有条件赎回条款中提到：“在本次发行可转债的转股期内，如果公司普通股股票连续三十个交易日中至少有十五个交易日的收盘价格不低于当期转股价格的130%（含130%），经相关监管机构批准（如需），公司有权按照债券面值加当期应计利息的价格赎回全部或部分未转股的可转债。”其实这句话简单理解就是：30个交易日中至少有15个交易日可转债转股价值不低于130元，即可触发强赎。

三是测算可转债溢价率。

二、溢价率

可转债溢价率是指可转债市场成交价格相对其转股价值高出的百分比。

溢价率的计算公式为：

$$溢价率 =（转债价格/转股价值 - 1）\times 100\%$$

例如：2020年1月2日，浦发转债的转股价值为82.86元，收盘价为110.98元，溢价率 =（110.98/82.86 - 1）×100% ≈33.94%。

一般来说，低价可转债溢价率高，是因为有债性托底，可转债跌幅远低于正股造成的；高价可转债也有溢价高的情况，它可以衡量市场对该可转债的追捧热度。溢价率越低，则说明可转债越容易跟随正股同步涨跌。

在实际运用中，溢价率也是可转债折价套利最重要的一个参考指标。

三、纯债价值与期权价值

（一）纯债价值

纯债价值是指在完全不考虑可转债转股的可能性，仅仅作为债券考虑还本付息时，其体现的价值。可转债的纯债价值为，将可转债的未来现金流参照同等条件企业债收益率贴现到当前的数值。具体计算方法投资者不必深究，可直接参考集思录上的相关数据。

可转债的纯债价值影响因素包括如下四方面：

①票息；

②剩余年限；

③信用评级；

④同等条件下的企业债券收益率。

由此可以得到如下两点结论：

第一，不同可转债因票息不同、剩余年限不同、信用评级不同，纯债价值也各不相同。

第二，同一只可转债随着剩余年限的缩短，其纯债价值也在增加。

（二）期权价值

可转债的期权价值包括正股上涨、转股价格下修、回售、到期赎回这四方面的期权价值，其中正股上涨的期权价值是最核心的部分。

可转债的纯债价值和期权价值的计算过程不必深究，投资者可以在集思录上直接查找。

（三）纯债价值与期权价值的运用

纯债价值和期权价值可用于计算可转债的理论价值。

可转债理论价值 = 纯债价值 + 期权价值

例如，2020 年 1 月 16 日，浦发转债的理论价值 = 95. 54（纯债价值）+15. 13（期权价值）=110. 67（元）。

第四节 可转债的盾与矛——债性和股性

可转债的两大主要特性分别是债性和股性。

一、债性

债性是指可转债作为债券，到期可收回本息的特性。当可转债税后到期收益率达到当期货币型基金平均收益率时，债性就非常明显。

债性的衡量标准是到期收益率（YTM）。

下面以浦发转债为例，谈谈债券到期收益率如何计算。参考本章第二节表1-1浦发转债基本要素汇总表的数据，我们来计算2019年10月24日浦发转债的YTM。

已知条件是：浦发转债距离到期时间是6年。当前买入持有到期，每年可以获得的利息（税前）分别为0.20元、0.80元、1.50元、2.10元、3.20元、4.00元，到期赎回价格110元（含最后一年利息）。6年本息合计：0.20+0.80+1.50+2.10+3.20+110=117.80（元）。

该可转债单利收益为：

$(总票息/年限)\div 100\times 100\% = [(117.80-100)/6]\div 100\times 100\% \approx 2.97\%$

当然，这个是最简单的计算方式，更为准确的是按照到期收益率（YTM）的公式计算。设税前到期收益率（YTM）为 x，则有：

$$110.00/(1+x)^6 + 3.20/(1+x)^5 + 2.10/(1+x)^4 + 1.50/(1+x)^3 + 0.80/(1+x)^2 + 0.20/(1+x)^1 = 100.00$$

这个计算过程普通投资者可以直接略过，结果可以通过集思录网站查询得到。该公式计算的是税前收益率，由于可转债普遍利息不高，这里不再计算税后收益率。

二、股性

股性的衡量标准是溢价率。

溢价率越低，可转债价格和对应股票价格的相关性越强；反之，溢价率越高，可转债价格和股票价格相关性越弱。通常溢价率超过 20%，可转债的股性就比较弱了。

债性是确定可转债的保底收益来源，股性是可转债跟随股票上涨获得的波动收益来源，可以说一个是盾，一个是矛。通常可转债债性和股性是不兼容的，也就是说在某一时刻，很难同时存在强债性和强股性。当然，股票价格上涨一定的幅度后（或者转股价格的下修），强债性会转向强股性（这个期间可转债价格实际是上涨的）。

保守的投资者可以选择债性强的可转债，等待股性转强获得收益。稳健的投资者可以选择中性的可转债——既有一定的债性（YTM 在 0 左右，或者较小的负值），也有一定股性（溢价率在 10% ~20%）的可转债——股票上涨时转债能很快跟涨获得收益。激进的投资者可以选择股性强的可转债，但这时的可转债不再是具备“保底”优势的低风险标的了。

关于投资策略的选择，我们将在后面的章节中详细介绍。

第五节　抓住四要素，快速读懂可转债

可转债是一种“下有保底”的投资品种。那么，保底线是多少，安全性有多大？可转债的规则非常清晰，每一只可转债在它的《募集说明书》中都有清晰与详细的规定。只要花十几分钟，就可以在其中找到答案。

合格的可转债投资者的基本素质之一，就是要看懂《募集说明书》和《发行公告》。有人觉得《募集说明书》太长了，自己不是专业人士，一定看不懂。其实，只要抓住以下几个要素，就可以做到心中有数。可转债的要素主要包括：转股价格、提前赎回（有条件赎回）条款、回售条款、转股价格下修条款。

以希望转债（127015）为例，其《募集说明书》的内容可以简要归纳如下，如表1－3所示。

表1－3　希望转债《募集说明书》主要内容

要素	说明
转股价格	19.78 元/股
提前赎回条款	A. 转股期内，公司股票连续 30 个交易日中有 15 个交易日的收盘价不低于转股价格的 130%
	B. 未转股余额不足 3000 万元
回售条款	最后 2 个计息年度，公司股票连续 30 个交易日的收盘价低于当期转股价格的 70%
转股价格下修条款	存续期公司股票在任意连续 30 个交易日中至少有 15 个交易日的收盘价低于当期转股价格的 80% 时

这些条款都有什么作用呢？下面笔者对每个要素及相关概念、注意事项做个介绍。

一、转股价格

转股价格，相当于可转债与正股之间的“汇率”。可转债都是上市公司发行的，每一只可转债都对应一只股票，一张可转债可以兑换的股票数量为：100 元/转股价格。如果持有 1 张转股价格为 8 元的 A 可转债，100/8＝12.5，那么，投资者就可以兑换 12 股股票，不足一股部分将以现金形式返还到交易账户，即每张可转债可换 12 股股票，并找回零头 4 元；如果是持有 10 张 A 可转债，则正好可以兑换 10×100/8＝125（股）股票。

转股价格与正股价格共同决定了一只可转债的价值。假设前例中 A 可转债对应的正股价格为 8.50 元，那么 1 张 A 可转债的转股价值为：8.50÷8×100＝106.25（元）。此时 A 可转债价格高于 106.25 元就是溢价，低于 106.25 元就是折价。

转股期，是可转债可以兑换成股票的时间区间。可转债并不是一上市就可以转股的，要过一段时间后才开放转股权利。没有进入转股期的可转债，是不能转股的，也不能提前赎回。

以希望转债为例，《募集说明书》中显示其转股期为：自本次可转债发行结束之日（2020 年 1 月 9 日，T+4 日）满 6 个月后的第一个交易日（2020 年 7 月 9 日）起至可转债到期日 2026 年 1 月 2 日（如遇节假日，向后顺延）止。

二、提前赎回（有条件赎回）条款

赎回分为两种：到期赎回、提前赎回（有条件赎回）。我们投资可转债都期望提前赎回（有条件赎回），而不是到期赎回。以希望转债为例，其提前赎回条款是：

A. 转股期内，股票连续 30 个交易日中有 15 个交易日的收盘价不低于转股价格的 130%；

B. 未转股余额不足 3000 万元。

提前赎回，是可转债发行公司的权利，对投资者有强制性，所以也被称为“强赎”。如果公司对可转债发起强赎，但可转债持有人在规定的时间内不转股，那么，手中的可转债就会被上市公司以赎回价格强制收回。

赎回价格，在《募集说明书》中都有约定。希望转债对提前赎回价格是这样约定的：公司董事会有权按照债券面值加当期应计利息的价格赎回全部或部分未转股的可转换公司债券。简言之，就是 100 元面值 + 当期利息。

赎回期：赎回也是有时间期限的，没有进入赎回期的可转债，就算正股价格是转股价格的 10 倍，也不能提前赎回。赎回期和转股期是相同的。

赎回条件：通常都是在赎回期内，对应的股票应满足在连续 30 个交易日中有15个交易日收盘价不低于转股价格的130%。一般可转债还规定，当可转债未转股余额不足3000万元时，也可以提前赎回。

三、回售条款

回售条款，通常在《募集说明书》中被称为“有条件回售条款”。一般回售条款是这样规定的：在可转债最后两个计息年度，股票任何连续30个交易日收盘价格低于当期转股价格的70%，可转债持有人有权将其持有的可转债全部或者部分按债券面值加上当期应计利息回售给公司。不同可转债关于回售期的规定是不同的。有的是最后2个计息年度，有的是转股期内，还有的是可转债发行后多少个月。不过目前绝大多数可转债是按照最后2个计息年度来规定的。如果不在回售期内，就算正股价格在转股价格的50%长期徘徊，持有人也是没有回售权利的。

回售，是赋予可转债持有人的权利。当正股价格跌得太低，触发回售条件时，持有人有权将手中的可转债以约定的回售价格卖回给公司。注意，回售是持有人的权利，不是义务，你可以选择回售，也可以选择不回售，继续持有。

回售价格，是在《募集说明书》事先约定好的，通常是债券面值加上当期应计利息。

不是每只可转债都有回售条款，如中信转债、浦发转债、苏银转债。它们多数是金融类（银行和券商）的可转债，因为会计原因而不设置回售条款；但个别低信用评级的非金融类可转债，如评级为A+的智能转债（128070），也没有设置回售条款。不过可转债都设置了附加回售条款：当募集的资金用途发生重大变化时，可以回售。

需要注意的是，绝大多数可转债，在一个计息年度，只能有一次回售保护。当一只可转债在同一个计息年度多次触发回售条款时，只有第一次有效，如果持有人在回售申报期没有行使权利，那么这个计息年度就没有权利再次参与回售了。

四、转股价格下修条款

“下修”是转股价格向下修正的简称，它是指当满足某个条件时，发行公司有权利向下修正转股价格。注意，下修是发行公司的权利，而不是义务。

以希望转债为例，它的下修条件是：存续期间，当公司股票在任意连续30个交易日中至少有15个交易日的收盘价低于当期转股价格的80%时，公司董事会有权提出转股价格向下修正方案并提交公司股东大会表决。方案须经出席会议的股东所持表决权的2/3以上通过方可实施。

下修后的转股价格也是有约束的。如希望转债的《募集说明书》中约定：①修正后的转股价格应不低于本次股东大会召开日前20个交易日公司股票交易均价和前1个交易日均价的较高者。②修正后的转股价格不得低于最近一期经审计的每股净资产值和股票面值。其中第一点是强制规定，所有可转债均不得违反；第二条关于不低于净资产的条款，则是公司自己的规定。如果《募集说明书》中没有这条规定，则意味着下修后的转股价格可以低于净资产。

可转债成功转股，对发行公司和投资者来说是皆大欢喜，因为投资者赚到了钱，发行公司则顺利将“债主”转为“股东”，借来的债都不用还了。可是，当正股价格下跌，满足回售条款时，发行公司就不得不面对回售压力——好不容易发行可转债借来的钱，必须马上掏出来还给“债主”，对于资金紧张的公司来说是雪上加霜。就算公司有钱还债，大部分公司仍然不想还。凭本事借来的钱，哪有那么容易还的！

因此，当面临回售危机时，公司有一个“回天”之策，就是转股价格下修。转股价格一下修，公司马上就从回售危机中脱身了。而对投资者来说，每一次转股价格下修，都是“送钱”，因为可转债的转股价值因此上升了。但也有一些很“不争气”的公司，股票一路下跌，不得不多次下修转股价格来避免回售问题。

同时，因分红而调整转股价格是不受每股净资产限制的，这体现了债权人与股权人的同权。试想，股票分红后，股价会减去分红的部分，如果不调整转股价格，每次分红都是减少可转债的转股价值，这对可转债持有人是不公平的。所以，伴随正股分红，都会相应调整转股价格，调整的幅度对应的是分红的比率。但因为正股分红后股价下跌，转股价格调整后可转债的转股价值变化不大。

看一只可转债，要细读可转债的《募集说明书》，抓住以上 4 个要素，就可以计算出每只可转债的安全边界和风险程度，也可以通过正股价格与转股价格之间的差距和《募集说明书》中的相关条款，估计套利的空间。

第二章 可转债交易的基本规则与流程

第一节 交易基本规则

可转债的交易规则和股票不同，它具有以下几个特点：① T+0 交易；②无涨跌幅度限制；③交易不收取印花税；④交易佣金比股票低；⑤沪市可转债交易单位为手（1 手 = 1000 元），深市可转债交易单位为 10 张（1 张 = 100 元）；⑥沪市可转债交易价格最小单位 0.01 元，深市可转债交易价格最小单位 0.001 元。

一、开盘价范围

可转债开盘价范围的规定来源于一出悲剧：机场转债（100009）作为 A 股历史上第一只真正意义上的可转债（含有转股价格“下修”条款、有条件赎回条款、回售条款），其面值为 100 元，但在 2000 年上市当天，开盘价为 1.88 元（你没有看错），最低价 1.20 元，收盘价 101.58 元。这是由于很多投资者不熟悉可转债的交易报价规则，错误地将其面值按照 1 元钱进行申报造成的，这一幕悲剧的发生，促使监管机构立即着手修订交易规则。

需要补充的是，机场转债的悲剧最后戏剧化地以喜剧落幕：后经证交所决定，机场转债前 15 分钟的异常价格按无效报价处理，不予以结算交割。

（一）上市首日开盘价的范围

目前，可转债上市首日的开盘价范围是：

沪市：70～150 元；

深市：70～130 元。

沪市超过范围委托是废单；深市是保留委托，但是不在集合竞价撮合。也就是说，深市开盘挂单 150 元买入（卖出）是有效的，但不在集合竞价撮合。

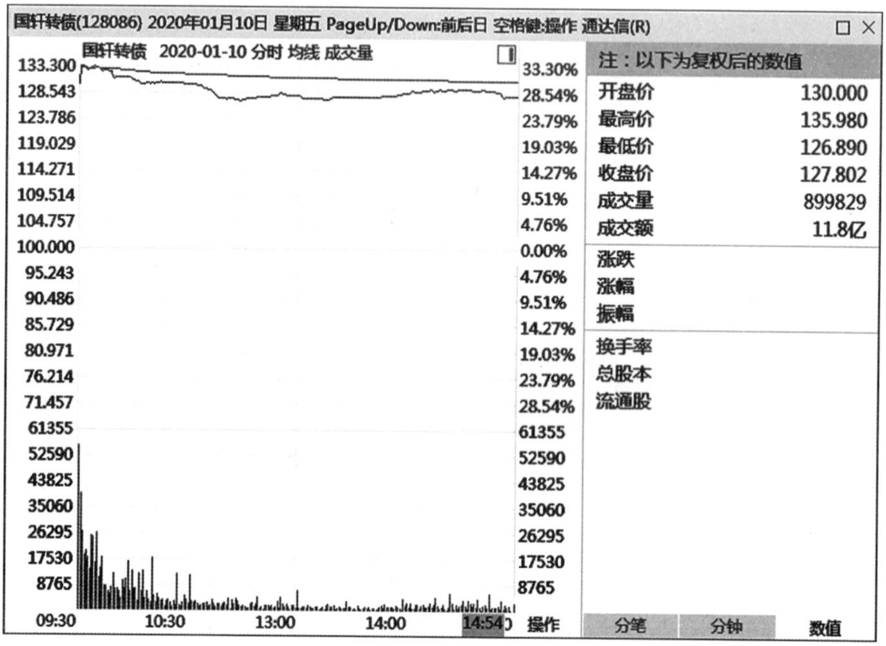

图 2－1　2020 年 1 月 10 日国轩转债（128086）分时图

以国轩转债（128086）为例：2020 年 1 月 10 日上市，可转债转股价值为 129. 57 元，但当日开盘价最高只能是 130 元，高于 130 元的委买和委卖均有效，但不参与集合竞价撮合。当时，深市可转债并没有因价格涨跌幅达到一定数值触发临时停牌的规定，因此9：30开盘后正常交易。①

（二）非上市首日开盘价范围

目前，非上市首日，可转债的开盘价范围是：

沪市：不高于前收盘价的150%，并且不低于前收盘价的70%；

深市：前收盘价的上下10%。

沪市超过范围委托是废单，深市是保留委托，但不在集合竞价撮合。

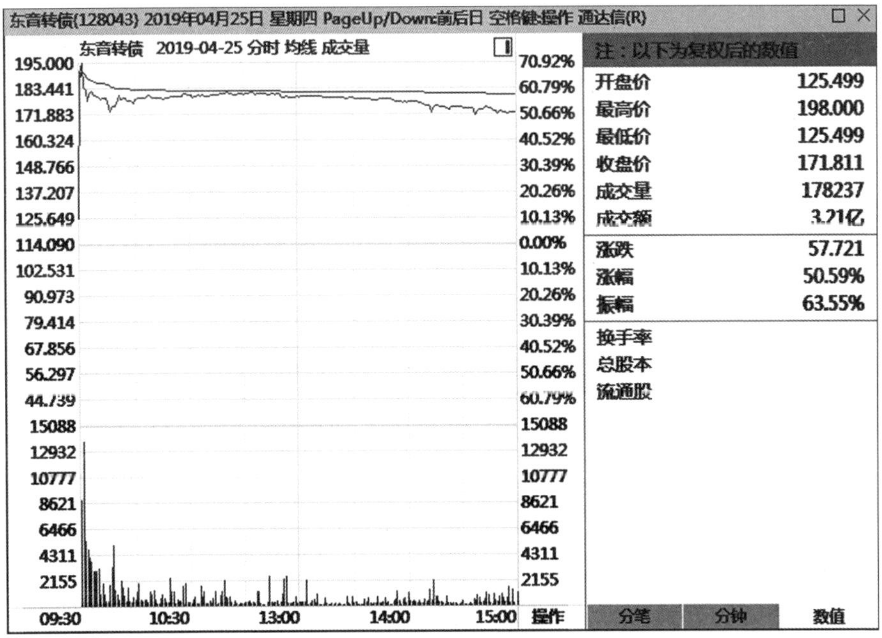

图2－2　2019年4月25日东音转债（128043）分时图

① 2020年6月8日起，深市可转债开始执行因价格涨跌幅达到一定数值触发临时停牌的相关规定。具体内容见本节“交易价格触发停牌”。

以东音转债（128043）为例：作为深市可转债，2019 年 4 月 25 日开盘价为 125.499 元，是上一个交易日收盘价 114.090 元的 110%。投资者即使委托更高的价格，也不会在开盘集合竞价中撮合成交，如图 2－2所示。需要说明的是，从 2020 年 6 月 8 日起，深市可转债盘中成交价较前收盘价涨跌幅达到 20%，将临时停牌 30 分钟，像 2019 年 4 月 25 日东音转债这样开盘后涨幅直接达到 70% 的情况将不再出现。

与深市不同的是，2020 年 2 月 3 日，春节后第一个交易日，受新冠疫情的刺激，在沪市交易的振德转债（113555）开盘价 180.10 元，较上一个交易日收盘价 138.50 元上涨约 30.04%，并直接触发停牌至当日 14：57，如图 2－3 所示。

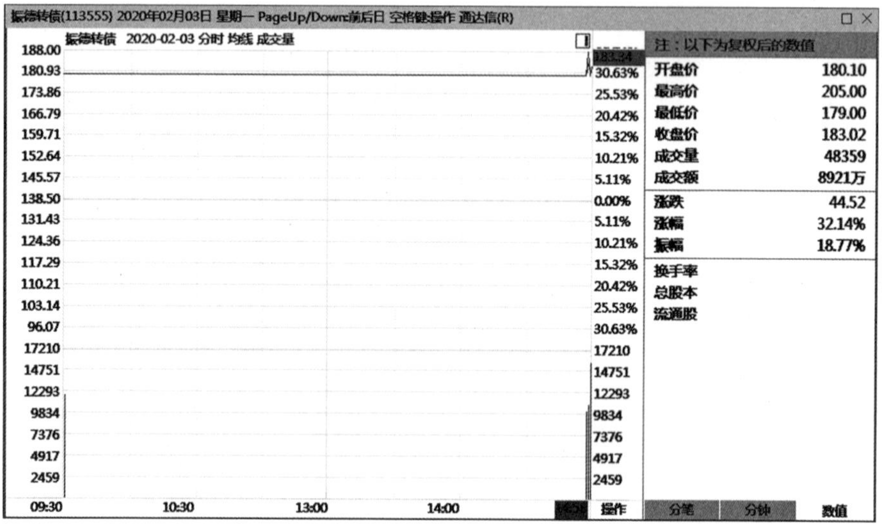

图 2－3　2020 年 2 月 3 日振德转债（113555）分时图

二、盘中委托价格范围

沪市：不高于即时揭示的最低卖出价格的 110% 且不低于即时揭示的最高买入价格的 90%；同时不高于上述最高申报价与最低申报价平

均数的 130% 且不低于该平均数的 70%。

深市：最近成交价的上下 10%。

三、深市收盘集合竞价范围

深市收盘集合竞价的有效竞价范围为最近成交价的上下 10%。

四、交易价格触发停牌

沪深两市对此的规定有所不同。

沪市：①交易价格较前收盘价涨跌幅度达到 20% 停牌半个小时（如果理论停牌时间超过 14：57，则于14：57复牌）；②交易价格较前收盘价涨跌幅度达到 30% 停牌至14：57；③停牌期间不能进行申报（包括买入和卖出），但可以撤销申报；④不管怎样停牌，14：57—15：00一定是连续竞价时间。

深市：①交易价格较前收盘价涨跌幅度达到 20% 停牌半个小时（如果理论停牌时间超过 14：57，则于 14：57 复牌）；②交易价格较前收盘价涨跌幅度达到 30% 停牌至 14：57；③停牌期间可以进行申报（包括买入和卖出），也可以撤销申报，复牌时对已接受的申报实行复牌集合竞价；④不管怎样停牌，14：57—15：00 一定是收盘集合竞价时间。

例如，2020 年 1 月 9 日，至纯转债（113556）在沪市上市交易，开盘价 127.03 元。由于开盘价较前收盘价（发行价）涨幅超过 20%，从而触发第一次停牌，因此 9：30—9：59 停牌半个小时，10：00 恢复交易。10：38 其交易价格达到 130.00 元，触发第二次停牌，14：57 恢复交易，15：00 收盘价为 129.42 元，见图 2－4。

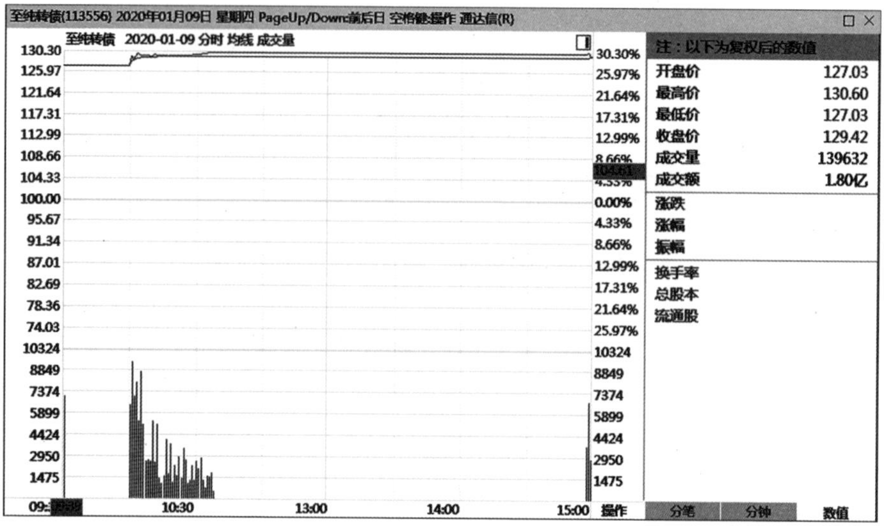

图 2－4　2020 年 1 月 9 日至纯转债（113556）分时图

又如，在沪市交易的振德转债（113555），2020 年 2 月 10 日收盘价为 166.55 元，跌幅 23.76%。当可转债交易价格较前收盘价下跌 20%时，触发停牌半小时，见图 2－5。

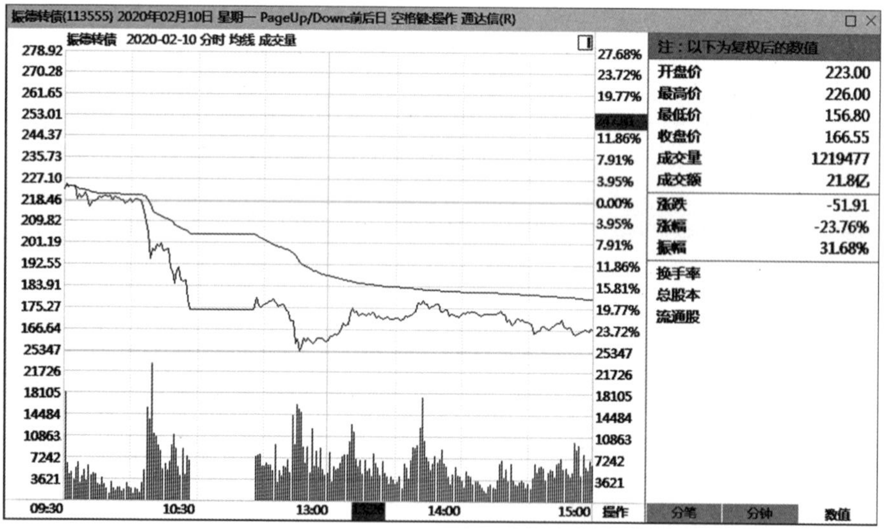

图 2－5　2020 年 2 月 10 日振德转债（113555）分时图

最后，我们将本节关于竞价和停牌的内容用表格形式总结一下，见表2－1。

表2－1 沪深两市竞价和停牌规则

	沪 市	深 市
上市首日开盘价	70～150元	70～130元
非上市首日开盘价	前收盘价的70%～150%	前收盘价的上下10%
盘中委托价格	不高于即时揭示的最低卖出价格的110%且不低于即时揭示的最高买入价格的90%；同时不高于上述最高申报价与最低申报价平均数的130%且不低于该平均数的70%	最近成交价的上下10%
收盘集合竞价	—	最近成交价的上下10%
临时停牌	达到前收盘价上下20%，临停30分钟； 达到前收盘价上下30%，临停至14：57，14：57—15：00恢复交易	达到前收盘价上下20%，临停30分钟；临停时间跨越14：57的，于14：57复牌。 达到前收盘价上下30%，临停至14：57复牌，此时对已接受的申报进行复牌集合竞价，14：57—15：00进行收盘集合竞价

第二节　可转债发行与网上申购

一、可转债发行的基本条件

公开发行可转换公司债券的公司，应当符合下列规定：

①最近3个会计年度加权平均净资产收益率平均不低于6%。扣除非经常性损益后的净利润与扣除前的净利润相比，以低者作为加权平均净资产收益率的计算依据。

②本次发行后累计公司债券余额不超过最近一期末净资产额的40%。

③最近3个会计年度实现的年均可分配利润不少于公司债券一年的利息。

二、可转债发行安排

可转债发行上市需要走如下流程，见图2-6。

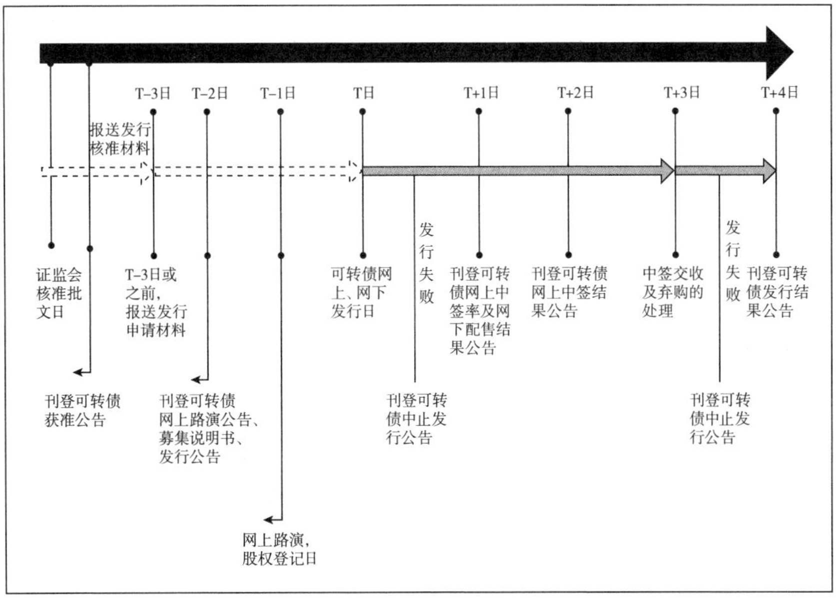

图 2－6　可转债发行申请、准备及流程示意

下面以浦发转债为例，进行具体说明，见表 2－2。

表 2－2　浦发转债发行流程

日期	交易日	发行安排
2019 年 10 月 24 日 星期四	T－2 日	1. 刊登《募集说明书》及其摘要、《发行公告》《网上路演公告》
2019 年 10 月 25 日 星期五	T－1 日	1. 原普通股股东优先配售股权登记日 2. 网上路演 3. 网下申购日，网下机构投资者在 17：00 前提交《网下申购表》等相关文件，并于 17：00 前缴纳申购保证金
2019 年 10 月 28 日 星期一	T 日	1. 发行首日 2. 刊登《可转债发行提示性公告》 3. 原普通股股东优先配售认购日（缴付足额资金） 4. 网上申购（无须缴付申购资金） 5. 确定网上申购中签率和网下申购初步配售结果
2019 年 10 月 29 日 星期二	T＋1 日	1. 刊登《网上中签率及网下配售结果公告》 2. 网上申购摇号抽签

续表

日期	交易日	发行安排
2019 年 10 月 30 日 星期三	T+2 日	1. 刊登《网上中签结果公告》 2. 网上投资者根据中签号码确认认购数量并缴纳认购款（投资者确保资金账户在 T+2 日日终有足额的可转债认购资金） 3. 网下投资者根据配售金额缴款（如申购保证金低于获得配售金额）
2019 年 10 月 31 日 星期四	T+3 日	联席主承销商根据网上资金到账情况确定最终配售结果和包销金额
2019 年 11 月 1 日 星期五	T+4 日	刊登《发行结果公告》

三、网上申购

目前不少券商有“一键申购”功能，可转债代码和数量已由系统预先设置好了，投资者直接点击“确定”按钮就可以了。下面以浦发转债为例说明：

①网上申购时无须缴付申购资金。

②沪市网上申购最小单位为 1 手（1000 元），深市网上申购最小单位为 10 张（1000 元）。申购数量应当为 1 手（10 张）的整数倍，网上申购数量不得高于发行方案中确定的申购上限（目前沪市上限为 1000 手，深市上限为 10000 张），如超过则该笔申购无效。

③投资者参与可转债网上申购只能使用一个证券账户。

④同一投资者使用多个证券账户参与同一只可转债网上申购的，或使用同一证券账户多次参与同一只可转债网上申购的，第一笔申购为有效申购，其余均为无效申购。

⑤同一投资者同时使用普通账户和信用账户参与网上申购的，第一笔申购为有效申购，其余均为无效申购。

⑥确认多个证券账户为同一投资者持有的原则为证券账户注册资料中的“账户持有人名称”“有效身份证明文件号码”均相同。

⑦申购时间为T日9：30—11：30、13：00—15：00，一经申报，不得撤单。

⑧不合格、休眠和注销的证券账户不得参与可转债的申购。

四、缴款和弃购

仍旧以浦发转债为例说明：

（一）缴款

2019年10月30日（T+2日）16：00前，中签的投资者应确保其资金账户有足额的认购资金，不足部分视为放弃认购。网上投资者放弃认购的部分以实际不足资金为准，最小单位为1手。

解读

当资金不足时，缴款顺序一般为“先股后债，先少后多，先大后小”。

先股后债：新股中签缴款优先于可转债中签缴款。

先少后多：同一品种（比如都是可转债），中一签的优先于中两签的。

先大后小：同一市场发行的可转债，缴款金额相同时，申购代码大的优先于申购代码小的。

（二）弃购

①沪市弃购最小单位为1手，深市弃购最小单位为1张。

②从第一次弃购开始，连续12个月内累计出现3次弃购，自结算部门收到弃购申报的次日起6个月（按180个自然日计算，含次日）内

不得参与新股、存托凭证、可转债、可交债的申购。

③投资者持有多个证券账户的，其名下任何一个证券账户（含不合格、注销证券账户）发生放弃认购情形的，均纳入该投资者放弃认购次数。

④放弃认购的次数按照投资者实际放弃认购的新股、存托凭证、可转债、可交债的次数合并计算。

⑤弃购次数按沪市和深市分开结算，互不影响。

第三节　股东如何参与可转债的优先配售

有不少朋友抱怨，之前作为可转债发行公司的原股东，参与可转债配售时，以为把钱放在账户里，就会自动参与配售，可结果却以失败告终，白白浪费了配售资格。这里笔者就拿新希望（000876）举例，详细说说股东如何参与可转债的优先配售。

第一步，阅读发行公告，弄清楚参与配售的时间、配售比例等要素。

①在雪球网（www. xueqiu. com）关注股票“新希望”，并在其“公告”一栏找到“发行公告”。

②仔细阅读发行公告的要素。

股权登记日：2020 年 1 月 2 日

配售认购日：2020 年 1 月 3 日

配售代码：080876

配售比例：按每股配售 0. 9653 元可转债的比例计算可配售可转债金额，再按 100 元/张的比例转换为张数，每 1 张（100 元）为一个申购单位。

可配售数量也可以不计算，券商交易系统会在配售认购前一交易日（T－1日）收盘清算后自动在账户上显示“希望配债”的数量。可参与配售的数量单位为：张。

小贴士：

沪市规则与深市不同，每1手（1000元）为一个申购单位。在参与沪市可转债配售时，可利用按申购尾数大小排序，尾数小的进位给尾数大的股东之原则，在不足1手时进位，获得1手认购权。

第二步：参与配售。这里按照账户持有3000股新希望股票举例。

2020年1月3日交易时间：

①根据配售比例，可优先配售3000×0.9653＝2895.9（元），即29张可转债。账户上需准备好2900元可用资金。

②选择“买入”＋配售代码（080876）＋数量（29），点击确定。

这里需要说明的是：沪市配债是点击“卖出”，深市配债是点击“买入”（配股也是相同规定）。为避免误操作给投资者带来损失，在实际操作中，所有券商均设置为“买入”和“卖出”委托都是有效的。

③操作完成后，检查账户资金是否已冻结，冻结表示申购成功。

在完成上述操作后，该账户还可以继续参与网上申购。

第四节　可转债转股流程

2018 年 11 月 13 日，利欧股份发布公告称，利欧转债（128038）转股价格下修到底。11 月 14 日，利欧转债开盘暴涨 8%，可转债的溢价率为 -6%，这时就出现卖出正股买入可转债转股的无风险套利机会。

可转债如何转股呢？由于利欧转债是在深交所上市的，其转股代码（128038）和交易代码完全一致。这时如果选择：点击“卖出”+转股代码（128038）+数量，其结果是可转债被卖出，而不是转股。那究竟应该怎么操作呢？

下面以华泰证券交易系统为例，详细介绍一下转股流程。

第一步：找到转股界面。在交易界面找到“其它买卖”，在其子界面找到“转股”一栏，输入代码“128038”（有些券商交易软件是在“其他委托”——“转股回售”里面）。各个券商的转股界面可能不完全一致，建议询问所在券商客服，这里就不一一赘述。

第二步：输入转股价格和转股数量（图 2-7）。转股价格不用理会，由系统默认。转股数量，按正常应该输入 10，但是我这里输入了

1000，为什么呢？下文再解释。

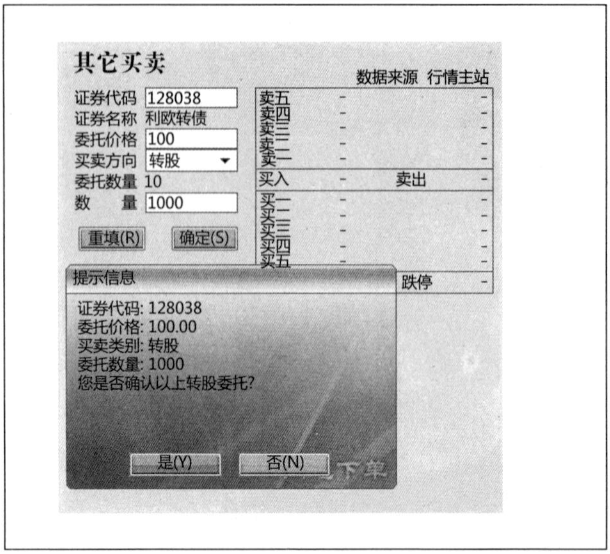

图 2 –7　利欧转债转股委托交易界面

图 2 – 8 是 2018 年 11 月 14 日的委托记录。

委托日期	证券代码	证券名称	操作	委托价格	成交均价	▽委托时间	委托数量
明细 20181114	128038	利欧转债	卖出	0.000	0.000	10:00:42	1000
明细 20181114	128038	利欧转债	买入	101.000	100.998	09:59:00	10

图 2 –8　利欧转债转股委托交易记录

为什么持仓只有 10 张，却可以委托 1000 张呢？利欧股份 2018 年 9 月 27 日发布的《关于“利欧转债”开始转股的提示性公告》称：“可转债买卖申报优先于转股申报，可转债持有人申请转股的可转债数额大于其实际拥有的可转债数额的，按其实际拥有的数额进行转股，申请剩余部分予以取消。”

这段话说明两个问题：

第一，按照“买卖申报优先于转股申报”的原则，转股申报后，可转债并没有被冻结，仍然可以随时卖出。

第二，转股申报数量可以超过实际持有可转债的数量。这一点在实际操作中非常有用。在交易时间里，尤其是临近收盘时，有时候可转债折价会迅速拉大，如果这个时候先买入可转债再转股，操作时间根本来不及。因此，完全可以在不持有可转债的情况下，预先以较大额度委托转股，待有机会再买入，那么就不会错失良机了。即使不买入，也仅仅作为无效委托，没有任何损失。

2015 年 1 月 9 日，平安转债强赎摘牌前最后一个交易日的最后一分钟，可转债折价幅度　度达到 5%，如果采用先买入再转股的方式，时间上根本来不及，而采用先转股后买入的方式，则可以将这 5% 的收益稳稳收入囊中。

需要注意的是：个别券商交易系统不支持可转债转股申报数量超过实际持有数量的操作。

第三章 可转债交易进阶探讨

第一节　可转债到期赎回兑付，如何缴税

关于到期赎回兑付缴税的问题，以格力转债（110030）为例进行说明，见表3－1。2019年12月25日，格力转债到期，根据规定，格力转债到期前10个交易日停止交易。即：

① 格力转债的最后交易日为2019年12月10日；

② 2019年12月11—24日，格力转债停止交易，但可转股；

③ 自2019年12月25日起，格力转债停止转股，并按照本息106.00元赎回，兑付本息。

由于第五年利息是2%，到期赎回价格是106元（含最后一年利息）。那么，到期赎回兑付时，所得税缴税基准是按照第五年利息（2%）的20%来缴呢，还是按照到期赎回收益（6%）的20%来缴呢?

表3－1　格力转债基本信息

<table>
<tr><td colspan="6">格力转债110030（正股：格力地产600185）</td><td colspan="2">行业：房地产</td></tr>
<tr><td colspan="2">价格：105.69元</td><td colspan="2">转股价值：98.40元</td><td colspan="2">税前收益：11.73%</td><td colspan="2">税后收益：－33.68%</td></tr>
<tr><td>转股起始日</td><td>2015－06－30</td><td>转股代码</td><td>190030</td><td>转股价格</td><td>5.00元</td><td>发行规模（亿元）</td><td>9.800</td></tr>
</table>

续表

到期日	2019－12－25	回售价	—	赎回价格	106.00 元	债券评级	AA
担保	无担保						
转股价格下修	在可转债存续期间，当公司股票在任意 20 个连续交易日中至少 10 个交易日的收盘价格低于当期转股价格的 90% 时						
强制赎回	在转股期内，如果公司股票在任何连续三十个交易日中有至少十五个交易日的收盘价格不低于当期转股价格的 130%（含 130%），公司有权按照债券面值加当期应计利息的价格赎回全部或部分未转股的可转债						
回售	自本次可转债第三个计息年度起，如果公司股票在任何连续三十个交易日的收盘价格低于当期转股价格的 70%，可转债持有人有权将全部或部分其持有的可转债按照 103 元（含当期应计利息）回售给公司						
利率	第一年为 0.60%、第二年为 0.80%、第三年为 1.00%、第四年为 1.50%、第五年为 2.00%						

数据来源：集思录。

可转债的历史上，已退市的一百多只可转债中，仅有博汇转债、澄星转债、唐钢转债、新钢转债等寥寥数只未能在存续期完成提前赎回，最后只能到期兑付本息。本次格力转债到期赎回，距离上一只到期赎回的博汇转债已过去 5 年。

我们来看看博汇转债 2014 年到期赎回的公告：

公司将在其后的 5 个交易日内，按照每张“博汇转债”兑付金额为 107.00 元人民币（含税，含最后一期利息）的价格全部赎回 。

1. 对于持有“博汇转债”的个人投资者和证券投资基金，公司按 20% 的税率代扣代缴个人所得税后，实际每张面值 100 元人民币的可转债兑付价格为 105.60 元人民币；

2. 对于持有“博汇转债”的合格境外机构投资者（QFII），公司按 10% 的税率代扣代缴所得税后，实际每张面值 100 元人民币的可转债兑付价格为 106.30 元人民币；

3. 对于持有“博汇转债”的其他机构投资者不代扣代缴所得税，实际每张面值100元人民币可转债的兑付价格为107.00元人民币。

自2014年9月9日起，可转债停止交易

自2014年9月23日起，可转债停止转股

赎回登记日：2014年9月22日

资金发放日：2014年9月29日

从实际操作来看，2019年12月25日，格力地产对持有格力转债的个人投资者按每张104.80元的标准完成兑付。对于最后一个交易日以105.69元收盘价买入的个人投资者来说，每张将亏损0.89元。

由此可见，到期赎回的可转债，所得税缴纳时，是按照到期赎回收益（含最后一期利息）为基准进行计算的：

①对个人投资者和证券投资基金，按20%的税率缴税；

②对合格境外机构投资者（QFII），按10%的税率缴税；

③对持有可转债的其他机构投资者，不代扣代缴所得税。

第二节　可转债配售中的精确算法原则

浦发转债发行公告称：原无限售条件普通股股东的优先认购通过上交所交易系统进行，配售简称为“浦发配债”，配售代码为“704000”。原无限售条件普通股股东优先配售不足 1 手的部分按照精确算法原则取整。

“精确算法原则”到底是什么意思呢？

精确算法原则取整：指股东网上优先配售可转债，可认购数量不足 1 手的部分，先按照配售比例和每个账户股数计算出可认购数量的整数部分，对于计算出不足 1 手的部分（尾数保留三位小数），将所有账户按照尾数从大到小的顺序进位（尾数相同则随机排序），直至每个账户获得的可认购转债加总与原普通股股东可配售总量一致。

通俗地讲就是：整个市场参与配售可转债的所有账户，凡是零头不足一手的，按照零头的大小全部依次排序，直到将应配售的可转债全部配完为止。

由于沪市可转债和深市可转债的配售单位是不同的，沪市配售最小单位是手（10张），深市配售最小单位是1张。深市1张可转债面额不大，也就100元钱，所以在深市试图通过精确算法原则获得可转债超配是没有意义的，收益无法覆盖成本；沪市则不同，配售1手可转债所需金额为1000元，这里就存在利用规则，在配售可转债时按照精确算法原则获取超额配售。一般来说，按照沪市配0.6~0.7手可转债的比例买入对应正股，即可实际获配1手可转债。

根据浦发转债发行公告，“每股配售1.703元面值可转债的比例计算可配售可转债金额”的比例，理论上获配一手可转债需要配置浦发银行1000/1.703≈587.20（股），但实际上获配0.6手可转债即可超额获取1手可转债配售资格。0.6手需要600/1.703≈352.32（股），即有把握获配一手浦发转债。这一做法被通俗地称为抢权配售“一手党”。这种配售的好处在于以最小的成本获取最高的收益。

可转债配售中精确算法原则的运用：

① 原股东测算可获配可转债数量；

② “一手党”超额配售可转债。这一部分内容在第四章第三节“‘一手党’超额配债策略”中还会进一步阐述。

例如，在股权登记日（T-1日），饕餮海通过普通账户买入700股浦发银行股票，理论上可获配700×1.703≈1192（元）的可转债。按照精确算法原则，实际仅能获配1手可转债。但饕餮海将其中350股股票划转至信用账户，那么理论上其普通账户及信用账户可各获配350×1.703≈596（元）可转债，按照精确算法原则，两个账户实际各获配1手可转债。

需要注意的是：个别券商交易系统不支持普通账户买入股票当日划转至信用账户。

第三节　可转债转股价格调整

每当年报发布后，上市公司派发红利、派送红股、转增股本等情况出现，对应的可转债转股价格也将随之调整。在此，简要谈谈可转债转股价格调整的问题。

一、上市公司分红

上市公司分红时，可转债初始转股价格直接减分红金额即可。

以浦发转债（110059）为例，其初始转股价格（P_0）为 15.05 元/股，根据 2019 年度利润分配方案，浦发银行每股派发红利（D）0.60 元，那么其转股价格（P_1）将调整为：

$$P_1 = P_0 - D = 15.05 - 0.60 = 14.45\text{（元/股）}$$

二、上市公司送股或转增股本

上市公司送股或转增股本时，其可转债转股价格的调整计算为：

$$P_1 = (P_0 - D) / (1 + n)$$

以东财转债（123006）为例进行说明。

2018 年 4 月 11 日，东方财富发布公告调整东财转债转股价格：

公司将实施 2017 年度权益分派方案，用资本公积金向全体股东每 10 股转增 2 股，每 10 股派发现金股利人民币 0.20 元（含税）。

本次调整前“东财转债”转股价格为 13.69 元/股

本次调整后“东财转债”转股价格为 11.39 元/股

转股价格调整起始日期：2018 年 4 月 18 日

根据权益分配方案，计算的结果如下：

$P_1 = (P_0 - D)/(1 + n) = (13.69 - 0.02)/(1 + 0.2) \approx 11.39$(元/股)

这个计算结果与公告中披露的数据完全一致。

三、上市公司回购股票注销

当上市公司回购股票注销时，将会出现转股价格向上调整的情况。以雨虹转债（128016）为例进行说明。

由于部分股权激励限制性股票回购注销，2018 年 12 月 18 日，东方雨虹发布公告调整雨虹转债转股价格：

调整前“雨虹转债”转股价格为：22.55 元/股

调整后“雨虹转债”转股价格为：22.63 元/股

转股价格调整生效日期：2018 年 12 月 18 日

四、上市公司增发或配股

当上市公司增发或者配股，其增发（配股）价格高于初始转股价格时，也会出现转股价格向上调整的情况。以光大转债（113011）为例进行说明。

2017 年 12 月 22 日，光大银行完成 H 股定向增发，增发价格为 5.3283 港元/股（4.72 元人民币/股）。增发后，光大转债转股价格自 2017 年 12 月 26 日由 4.26 元/股向上调整为 4.31 元/股。

五、可交债分红

可交债分红时，存在换股价格下调金额和分红金额不一致的情况。下面以 15 国资 EB（132005）为例进行说明。

15 国资 EB 对应的股票为中国太保。2018 年 8 月 7 日，中国太保分红确权，每股分红 0.80 元。

2018 年 8 月 8 日，上海国有资产经营有限公司发布公告：

"15 国资 EB" 调整前的换股价格：37.58 元/股

"15 国资 EB" 调整后的换股价格：36.65 元/股

"15 国资 EB" 本次换股价格调整实施日期：2018 年 8 月 10 日

根据公告，15 国资 EB 换股价格降低 0.93 元，这与分红金额不一致的原因在于，其换股价公式为：

$$P_1 = P_0 \times (S - D)/S$$

P_0 为调整前的换股价格，

P_1 为调整后的换股价格，

S 为该次派发现金股利的除息日股票收盘价，

D 为该次派发现金股利每股派发股利金额。

2018 年 8 月 8 日，中国太保除息日，股票收盘价 32.32 元。

$P_1 = P_0 \times (S - D)/S = 37.58 \times (32.32 - 0.80)/32.32 \approx 36.65$（元/股）

根据公式，如果股票价格低于换股价格，那么换股价格调整金额将大于分红金额；反之，如果股票价格高于换股价格，那么换股价格调整金额将小于分红金额。

第四节　有条件赎回（强赎）的条件

首先需要说明的是，公司一旦对可转债发起强赎，其目的一定不是为了赎回债券，而是为了促使可转债尽快转股。

下面以浦发转债为例，来说明强赎的条件：

①**时间**。可转债只能在转股期内（可转债发行完成半年后）实施强赎。

浦发转债2020年5月17日进入转股期，在此之前，即使浦发转债转股价值持续多日在130元以上，也无法触发强赎。

②**转股价值**。转股价值不低于130元（也有个别可转债设定转股价值不低于120元或125元）。

假设浦发转债转股价格为15.05元/股（如有调整的情况，按照调整后的转股价格为基数），那么触发强赎的正股价格阈值为15.05×130%≈19.57（元）。需要注意的是，这里19.57元并非盘中最高价格，而是指当日收盘价。

③**时长**。必须满足连续30个交易日中有15个交易日转股价值不低

于130元的条件。15个交易日不需要连续计数，中间间断也是可以的，只要在任何连续30个交易日中有15个交易日即可。

一旦公司公告可转债强赎，正常情况下，投资者应及时在以下两个方式中选择：一个是直接卖出，另外一个是转股。否则，可转债将会被公司以极低的价格强制赎回，给可转债持有人带来较大损失。

但是也有特殊情况。有些可转债触发强赎并发出强赎公告后，正股和可转债价格一路走低，甚至跌到100元附近，虽然这并不影响可转债强赎的继续执行，但可转债持有人最后选择卖出、赎回抑或转股，则需要根据当时转债价格和溢价率等因素综合判断。当转债价格低于强赎价格时，我们可以选择赎回；当可转债溢价率为负值时，我们可以考虑转股。

比如，圆通速递（600233）于2020年2月20日对圆通转债（110046）发起“强赎”后，其正股和转债价格一路下跌，圆通转债最后交易日（2020年3月20日）收盘价为100.23元。圆通转债最后强赎价是按照“面值+当期利息”计算，圆通转债当期计息年度票面利率为0.8%，计息天数121天，应计利息共0.27元/张，赎回价格为100.27元/张，扣除个人所得税后实际收益100.216元。也就是说选择卖出或者是选择强赎，其结果是差不多的。与此同时，圆通转债转股价值为101.58元，溢价率约为-1.33%，如果选择转股，则要承担次日开盘正股超跌的风险。

第五节　回售及其计数

一、回售

（一）回售条款

以江南转债（113010）为例，来说明可转债回售条款。

2016年3月18日，江南水务（601199）发行可转债，可转债存续期限6年。发行条款有如下规定。

有条件回售：本次发行的可转债第三个计息年度起，如果公司A股股票在任何连续30个交易日的收盘价格低于当期转股价格的80%时，可转债持有人有权将全部或部分其持有的可转债按照103元（含当期应计利息）回售给公司。

若在上述交易日内发生过转股价格因发生送红股、转增股本、增发新股（不包括因本次发行的可转债转股而增加的股本）、配股以及派发现金股利等情况而调整的情形，则在调整前的交易日按调整前的转股价格和收盘价格计算，在调整后的交易日按调整后的转股价格和收盘价格计算。如果出现转股价格向下修正的情况，则上述连续30个交易日须从转股价格调整之后的第一个交易日起重新计算。

以上条款简而言之，就是连续30个交易日，可转债转股价值低于回售阈值（转股价格的80%）时，即触发回售。

2018年3月，江南转债转股价格为9.30元/股，回售阈值为转股价格的80%，此时，回售触发价格＝转股价格×回售阈值＝9.30×0.80＝7.44元。

该回售条款表明：从2018年3月19日（3月18日为星期日）开始，当江南水务的收盘价连续30个交易日低于7.44元时，可转债持有人就可以按照103元的价格将可转债回售给公司。

为防止回售实施，2018年4月20日，江南水务发布公告，将江南转债转股价格由9.30元/股，调整为6.10元/股。

由上可知，回售是可转债持有人和上市公司股东在市场不利的情况下的博弈条款。若公司无意还款，想避免回售，通常有两个选择：一是千方百计把股票价格维持在回售触发价格之上，不过，这在市场弱势情况下很难实现；二是转股价格下修，使回售条件不成立。当转股价格下修后，回售触发价格和回售天数重新开始计算，也就开始了新的一轮回售博弈。

在回售期，股票大涨，可转债交易价格随之上涨；股票大跌，转股价格下修的预期增大。因此，在回售期内，股票的大涨大跌其实对于符合回售条件的可转债都是有利的。

（二）回售的前提条件

回售是对可转债持有人极为重要的保护条款，但这个保护是有前提条件的：

第一，可转债交易价格不高于回售价格。

2019 年，海澜之家（600398）改变募集资金用途，触发了附加回售条款，可转债于 2019 年 10 月 16 日至 22 日进入回售申报期，回售价格为 100.13 元。但由于绝大部分时间可转债价格均位于 100.13 元之上，导致发行总量为 3000 万张的海澜转债（110045）最后仅有约 49.574 万张参与回售。

第二，可转债要在回售期。

只有可转债在回售期，回售价格才能真正保护可转债持有人。例如，2020 年 2 月 19 日，亚药转债（128062）收盘价为 91.631 元，其转股价值为 43.57 元，远低于转股价格 70% 的回售阈值，但由于距离回售期尚有 3.12 年，故回售条款未起作用。

第三，回售阈值越高越好。

江南转债回售阈值设定为当期转股价格的 80%，而绝大多数可转债回售阈值是当期转股价格的 70%，个别是 50%。回售阈值越高的可转债，意味着越容易触发回售。

第四，回售价格越高越好。

不同可转债的回售价格是不同的，例如，江南转债（113010）回售价格是 103 元，海印转债（127003）是 100 元 + 应计利息。这就能很好解释为什么当江南转债和海印转债在转股价值差不多（二者转股价值分别为 61.29 元和 62.10 元）时，二者市场价格相差 7 元以上了。

回售条款是促使公司在股票弱市时下修转股价格的一个手段，条款未必一定有效，历史上也出现过转股价格不下修（到底）而实施回售的情况。例如，因为辉丰股份连续两年亏损，辉丰转债（128012）自 2020 年 5 月 25 日起暂停上市。2020 年 6 月 5 日，辉丰转债触发回售，此时公司宁可实施回售，也不愿意将转股价格下修到底。反之，没有到回售期，也有公司主动下修转股价格的，例如蓝标转债（123001）。回售条款是可转债非常重要的条款，实际上，由于可转债的各个条款互相影响，造成了可转债博弈的复杂性。

二、回售计数

目前绝大多数公司可转债的回售条款为："在本次发行的可转换公司债券最后两个计息年度，如果公司股票在任何连续30个交易日的收盘价格低于当期转股价格的70%时，可转换公司债券持有人有权将其持有的可转换公司债券全部或部分按面值加上当期应计利息的价格回售给公司。"

回售计数常常遇到以下三个问题。

第一，分红是否影响回售计数？

由于股票分红时，可转债的转股价格会随之调整，因此，有投资者对于分红时，回售计数是否会中断计数存在疑问。公告中对此也没有详尽的解释，存在一定的争议。但是从历史情况来看，可转债并不会因为分红而中断回售计数。

第二，每年回售次数有没有限制？

目前，绝大多数公司规定"最后两个计息年度可转换公司债券持有人在每年回售条件首次满足后可按上述约定条件行使回售权一次……"

也就是说，绝大多数可转债一年仅有一次回售资格，但极少数在信用申购规定出台（2017年9月）前发行的可转债并无此限制。比如之前举例的江南转债，其在2018年7月18—24日实施当年第一次回售，2018年8月29日—9月4日再次实施回售。

第三，下修是否影响回售计数？

江南转债的第三个计息年度为2018年3月18日—2019年3月17

日，即江南转债从 2018 年 3 月 19 日开始回售计数（2018 年 3 月 18 日为星期日），到 2018 年 4 月 20 日已有 23 个交易日交易价格低于回售阈值。在距离触发回售仅有 7 个交易日的时候，2018 年 4 月 20 日江南水务实施了下修转股价格的措施。按照条款，回售计数须重新开始，这就成功避免了回售。

这里再补充一个案例，15 国盛 EB（132004）在规则允许的情况下，将下修条款和回售条款玩到了极致。

15 国盛 EB 的发行方为上海国盛（集团）有限公司，对应的股票为上海建工（600170），发行条款规定“在本次可交债最后两个计息年度内，如果上海建工 A 股股票收盘价在任何连续 30 个交易日低于当期换股价格的 70% 时，本次可交债持有人有权将其持有的本次可交债全部或部分以面值加上当期应计利息回售给本公司”。

2019 年 11 月 5 日，15 国盛 EB 进入倒数第二个计息年度，开始回售计数，并将于 12 月 17 日满足 30 个交易日的条件。但是上海国盛一则下修的公告于 2019 年 12 月 10 日及时出炉，称“自 2019 年 12 月 13 日起，15 国盛 EB 换股价格由 6. 25 元/股调整到 5. 80 元/股”。而此时可交债对应股票上海建工的股价是 3. 52 元。这种不为转股，只为避免回售的做法显然让可交债持有人异常失望。不过，让人更加失望的还在后头——2020 年 1 月 20 日，15 国盛 EB 为避免回售，在计数即将达标前，再次将换股价格由 5. 80 元/股调整到 5. 65 元/股。正当不少人对这个公告失望至极的时候，下修“三连击”再度爆锤投资者。第三次下修的公告在 2020 年 3 月 6 日不期而至，公告称“自 2020 年 3 月 11 日起，15 国盛 EB 换股价格由 5. 65 元/股调整到 5. 55 元/股”。自此，投资者再无话说。

理论上，这种利用规则的极限是：在最后两年，每次下修一分钱重新回售计数一个半月，最后以一毛五的代价直接拖到债券到期，但这种做法涉嫌恶意逃避回售。因此，监管部门应从制度上进一步完善回售条款，及时堵住类似漏洞。

第六节　中签率测算：网上发行

从2019年末开始，可转债打新赚钱效应明显，网上申购户数大幅增加，即使满额申购也很难保证能中签，这时计算中签率的意义就不大。但是，在两种情况下需要重点测算可转债中签率。一是网上申购账户资金可能无法足额覆盖缴款金额时。例如2018年底发行的佳都转债（110050）和溢利转债（123018），单账户满额申购都必中23签（23000元），在资金准备不足的情况下很容易因此弃缴造成违约。二是网下申购时，要避免因资金不足被没收保证金。

中签率计算公式为：

中签率 = 发行总规模 ×（1 - 原股东认购比例）÷ 申购总金额 ×100%

当可转债仅有网上发行时，中签率计算公式为：

中签率 = 发行总规模 ×（1 - 原股东认购比例）÷ 网上申购金额 ×100%

其中，网上申购金额 = 网上满额等效申购户数 × 网上单账户申购

上限

满额等效申购：假定所有申购户数均按照上限满额申购。

网上单账户申购上限：目前绝大多数可转债网上申购上限为 100 万元。

最后，公式变为：

中签率 = 发行总规模 ×（1 − 原股东认购比例）÷（网上满额等效申购户数 × 网上单账户申购上限）×100%

上述公式中，发行总规模、网上单账户申购上限两个条件是已明确的；而原股东认购比例、网上满额等效申购户数则需要估算。

一、原股东认购比例

原股东认购比例数据的估算，依据主要来源于三个地方：

① 部分可转债发行公告中，控股股东有认购承诺的表述。例如，东方财富（300059）在可转债的发行公告中称：

本次发行前，公司实际控制人其实及其一致行动人沈友根、陆丽丽合计持有公司 27.31% 的 A 股股份，其实及其一致行动人沈友根、陆丽丽承诺出资不低于 19.93 亿元参与本次发行的优先配售，占其可参与优先配售金额的 99.96%。

②可转债发行前一天（T − 1 日），网上路演中的问答环节。例如，新希望在 2020 年 1 月 2 日网上路演中这样回答网友提问。

Q：请问董秘，贵公司最近准备发行的可转债为什么没有网下发行了？谢谢！

A：您好，首先感谢关注。新希望的股东 80% 以上是机构投资人，其中大股东及其一致行动人持股比例 55%。从目前沟通的情况，市场认可程度比较高。大股东会足额优先配售。其他的许多机构投资者也有比较强的优配意愿。扣除优先配售额度后，我们预计对外公开发行的金额会在10亿元左右，30%以内。考虑对外公开发行的比例较小，为提高发行效率，本次全部采取网上发行方式。谢谢！

③ 通过查询股票前十大股东持股比例，进行推算。

一般来说，优质的可转债，正股前十大股东认购比例会比较高，可以大致测算出他们的认购比例。这里需要注意的是，前十大股东里的沪（深）股通、中国证券金融股份有限公司（证金）、中央汇金投资有限责任公司（汇金）等机构是不会参与认购的。

除去前十大股东的小股东，总认购比例约为剩余可认购数的60%。

二、网上满额等效申购户数

网上满额等效申购户数可以根据近期发行的可转债中签率公告中披露的网上有效申购数量测算。

在可转债连续发行时，只要股市不发生大幅波动，可转债申购户数较之前的数据不会发生较大变化；当市场申购热度上升时，其增幅也可以根据之前人数增加的曲线图加以预测。因此，申购户数的数据比较容易测算。

最后举个例子。表3－2为2020年1月2日，对乐普转债（123040）申购数据测算值与实际申购值的对比。

表3－2　乐普转债（123040）申购数据测算值与实际值对比

项目	预测值	实际值
发行规模（亿元）	—	7.50
原股东占比（%）	45.00	45.45
网上申购占比（%）	55.00	54.55

续表

项目	预测值	实际值
网上申购户数（万户）	140.00	154.80
网上单户平均中签数（签）	0.30	0.26

第七节　中签率测算：网下发行

上一节探讨了可转债仅有网上发行时中签率如何测算，本节我们探讨有网下发行时，中签率如何测算。

当可转债有网下发行时，中签率计算公式为：

中签率＝发行总规模×（1－原股东认购比例）÷（网上满额等效申购户数×网上单账户申购上限＋网下满额等效申购户数×网下单账户申购上限）×100%

其中，发行总规模、网上单账户申购上限、网下单账户申购上限三个条件在发行公告里已经明确；而原股东认购比例、网上满额等效申购户数、网下满额等效申购户数三个条件需要测算。

在上一节中，已经谈到了原股东认购比例、网上满额等效申购户数如何测算，本节着重谈谈网下满额等效申购户数。

网下满额等效申购户数＝网下申购户数×申购比率

接下来的重点就是如何测算网下申购户数和确定申购比率。

一、测算网下申购户数

一般以近期发行的、相同信用评级的可转债网下申购户数数据作为主要参考，并根据本次发行可转债质地适当调整，来测算网下申购户数。

通过2019年11—12月，各个信用评级可转债申购数据，我们可以大致推测出在当时环境下，不同信用级别可转债网下申购的户数，见表3-3、表3-4、表3-5。

表3-3　2019年11—12月AAA级可转债申购户数

名称	申购日期	信用评级	网下申购户数（户）	申购上限（亿元）	平均每户缴款（万元）	满申缴款金额（万元）	申购比率
川投转债	2019-11-11	AAA	8920	10.00	7.0	11.4	0.61
顺丰转债	2019-11-18	AAA	9674	10.00	11.2	18.1	0.62
烽火转债	2019-12-02	AAA	8213	27.00	22.0	54.0	0.41
淮矿转债	2019-12-23	AAA	9108	10.00	11.3	16.8	0.67

表3-4　2019年11—12月AA级可转债申购户数

名称	申购日期	信用评级	网下申购户数（户）	申购上限（亿元）	平均单户缴款（万元）	满申缴款金额（万元）	申购比率
福特转债	2019-11-18	AA	5852	9.90	4.3	6.8	0.64
海亮转债	2019-11-21	AA	5771	10.00	14.8	22.6	0.66
木森转债	2019-12-16	AA	7677	10.00	15.7	23.6	0.66
仙鹤转债	2019-12-16	AA	5773	10.00	7.1	10.9	0.66
鸿达转债	2019-12-16	AA	6565	10.00	20.4	30.3	0.67

表3-5　2019年11—12月不同评级可转债网下申购户数差异

名称	申购日期	信用评级	网下申购户数（户）	申购上限（亿元）	平均单户缴款（万元）	满申缴款金额（万元）	申购比率
顺丰转债	2019-11-18	AAA	9674	10.00	11.2	18.1	0.62
海亮转债	2019-11-21	AA	5771	10.00	14.8	22.6	0.66

续表

名称	申购日期	信用评级	网下申购户数（户）	申购上限（亿元）	平均单户缴款（万元）	满申缴款金额（万元）	申购比率
淮矿转债	2019－12－23	AAA	9108	10.00	11.3	16.8	0.67
东风转债	2019－12－24	AA	3713	2.60	2.4	2.8	0.85

二、测算申购比率

申购比率＝平均申购金额/申购金额上限，取值范围在0～1。申购比率是由申购上限和机构平均资产规模两个因素决定的。相同信用评级且有相同申购上限的可转债，其申购比率是接近的。因此，我们可以将近期相同信用评级且有相同申购上限的可转债的申购比率直接作为测算依据。

但是从表3－3和表3－4的数据中，我们可以看到一个扭曲的现象。申购上限为10亿元AAA级可转债，如川投转债（110061）和顺丰转债（128080），大机构和基金公司申购占比更高，其申购比率在0.61～0.62；同一时期，申购上限为10亿元AA级可转债，如海亮转债（128081）和鸿达转债（128085），普通机构户占比更高，其申购比率在0.66～0.67。这一数据表明，普通机构户的平均资产规模大于大机构和基金公司，但实际上这一结论是不可能成立的。这种矛盾的现象说明普通机构户的资产规模普遍存在水分。

最后，举个预测的例子。表3－6为2019年12月12日，对明阳转债（113029）申购数据测算值与实际申购值的对比。

表3－6　明阳转债（113029）申购数据测算值与实际申购值

项目	预测值	实际值
发行规模（亿元）	—	17.00
原股东占比（%）	25.00	17.59
网下申购上限（亿元）	—	4.00

续表

项目	预测值	实际值
网下申购占比（%）	36.50	40.13
网下申购户数（户）	4000	4757
网下顶格中签（万元）	18.70	19.00
网上申购占比（%）	38.50	42.28
网上申购户数（万户）	140.00	152.01
网上单户平均中签数（签）	0.47	0.47

第八节　交易价格估算

每一只可转债上市，我们都会在心里给它估一个价格。但是，绝大多数可转债投资新手对如何估价却一头雾水。他们常常因以下现象感到困惑：一些可转债明明转股价值较高，交易价格却较低；而另一些转股价值很低的可转债又往往能获得较高的溢价。

在2020年2月4日，希望转债（127015）上市。笔者预估其集合竞价区间为112～114元，无任何破发可能。实际情况是，正股当天低开高走，可转债当天也是低开高走，开盘价107.50元，收盘价115.04元。

对此，笔者曾在网络与网友开玩笑说：

当转股价值为82.56元的希望转债上市前后，不少投资者的心理经历了以下的变化：

2月3日以前——瑟瑟发抖，黯然神伤，世界末日，必定破发。

2月3日饕餮海预测以后——心里吃了定心丸，稳啦。不过，饕餮海多半是喝醉了酒，给转债价格多加了五块钱，明天坐等狠狠打他的脸。

2 月 4 日开盘后——饕餮海的预测还行，勉勉强强，基本合格。这么好的可转债，坚定持有，必定涨到 180 元。

言归正传，下面我来谈谈如何给可转债上市后的价格进行估算。

可转债的价格测算有两种方式：一是直接估值法，二是相对估值法。

一、直接估值法

直接估值法一般是按照可转债的纯债价值加上期权价值来估算（其要点见第一章第三节的相关内容）。即：

可转债理论价值 = 纯债价值 + 期权价值

例如，2020 年 1 月 16 日，浦发转债的理论价值 = 95.54 + 15.13 = 110.67（元）。

但直接估值法计算出来的可转债理论价值具有明显的缺陷。

①该估值方式仅从可转债自身数据出发，没有充分考虑可转债市场整体溢价率的变化情况以及 A 股市场整体的风险偏好变化。也就是说，该方法无法充分解释同一只可转债在大盘处于不同点位时其价格有明显差异的现象。

②该估值方式没有充分考虑并评估可转债之间所处的行业、企业的质地差异。

那么，我们采取什么方式测算可转债的价格更加准确呢？笔者认为相对估值法较直接估值法更加实用。

二、相对估值法

相对估值法，就是参考其他已上市的可转债，根据这些可转债所处行业、转股价值、信用评级、正股质地等多种因素，与标的可转债一一对应和比较，从而判断标的可转债所处的位置。这些用来参考的可转债就像是已有明确经度和纬度标识的点，当标的周围可用来参考的点越多，标的所处的位置也越准确。

随着可转债发行数量的大幅增加，截至 2020 年 3 月 6 日，已有 225 只可转债上市交易。这 225 只可转债给将来上市的可转债提供了更加丰富的参考数据，这相当于坐标图里可供参考的指标越来越多，也就更加有利于新发行上市可转债的定价预测。

（一）相对估值的具体操作方法

在实际操作中，笔者会先找到同行业已上市可对标比较的可转债，再将两只可转债差异部分量化折算为价格，最后根据其他近似转股价值的已上市可转债价格作参考，进行修正。

第一要素：所处行业。笔者认为这个指标比转股价值更加重要。这就类似不同行业股票整体 PE 差距较大一样——新能源、5G 行业的部分公司股票市盈率可能高达 60 ~ 70 倍，而一些银行股的市盈率却不到 10 倍。例如，2020 年 2 月 28 日上市的恩捷转债（128095），虽然当时转股价值仅有 95.19 元，但是一旦找到了同一行业的璞泰转债（113562）作参考，就可以很容易作出其开盘价将位于 128 ~ 130 元区间的判断。有相同行业已上市的可转债作参考固然好，但如果没有相同行业的已上市可转债，那么就要想办法找到类似行业的可转债。比如：通威转债（110054）正股并非单纯的农林牧渔行业，其光伏设备占了营收非常大的比例，在估值时应同时参考农林牧渔和光伏行业可转债的估值。

第二要素：转股价值。找到了同行业的可转债作参考的基准后，比较标的可转债和参考可转债之间的转股价值差异。一般来说，转股价值在 100 ~ 120 元的可转债，按照转股价值差的 1/3 左右折算成价格差；

转股价值在 120 元以上的可转债，其股性更强，按照转股价值差的 0.35 ~ 0.7 折算成价格差；转股价值在 80 ~ 100 元的可转债，其债性更强，按照转股价值差的 0.2 ~ 0.35 折算成价格差；转股价值在 80 元以下的可转债，股性不再明显，其转股价值差异参考意义不大。

第三要素：信用评级。不同信用评级的可转债价格差异较大。大部分信用评级低于 AA 级的可转债，大机构出于风控等原因不能购买，这就造成了 AA 级以上的可转债相对有更高的价格。在比较标的可转债和参考可转债之间的信用评级差异时，每相差一个信用等级，预估可转债价格相差 1 ~ 2 元。但这个估值不能绝对化，因为不少优质可转债仅仅因为企业规模和现金流问题，导致其信用评级不高，但其业绩好，发展前景广阔，应该给予可转债更高的估值。

其他要素：正股质地、转债到期收益率、原股东和网下申购抛售意愿等。

（二）相对估值法的运用：以浦发转债为例

下面，我们拿浦发转债举例说明。根据所处行业、转股价值、信用评级、正股质地，我们找到了最接近的中信转债（113021）。

表 3 -7　中信转债与浦发转债对比

项目	中信转债（113021）	浦发转债（110059）
所处行业	股份制银行	股份制银行
发行规模（亿元）	400	500
正股 PB	0.63	0.66
转股价值（元）	84.21	80.66
信用评级	AAA	AAA
本息合计（元）	119.10	117.80
有无回售条款	无	无
转债溢价率（%）	28.05	30 ~ 33（预测值）
转债价格（元）	107.83	104.50 ~ 106.50（预测值）

从表3－7中，我们可以看到浦发转债所处行业、转股价值、信用评级均与中信转债相似，但是其转股价值低3.55元，6年总票息低1.30元，上市交易时间短8个月；正股分红率浦发银行低于中信银行，但ROE浦发银行高于中信银行。将以上因素全部量化评分，测算浦发转债交易价格应低于中信转债约2元（上市首日抛售压力未纳入测算因素）。

2019年11月15日，浦发转债上市。由于受到大笔抛压，其开盘价为103.50元，最高价为104.54元，收盘价为103.90元，略低于相对估值法测算值。

（三）相对估值法的缺点

①由于可类比的可转债很难在所处行业、转股价值、信用评级、正股质地等方面都与标的可转债类似，因此相对估值法只能划定一个大致的区间，而不能精确定位可转债的价格。

②相对估值法的前提是可类比的各个可转债的价格都是合理的，但这一前提其实是不存在的。

③根据相对估值法预测出来的转债价格仅仅是目前市场环境下的“合理价格”。市场整体情绪悲观时，“合理价格”往往是低估的；市场整体情绪亢奋时，“合理价格”又往往是高估的。

④基于“合理价格”作出的买卖决定，其实是一种短期的投机行为。

第九节　网下申购：机构投资者的盛宴

可转债网下申购是相对网上申购而言的，网下申购的对象是机构投资者。在2019年以前，可转债网下申购并不为人熟知，直到2019年1月平银转债（127010）发行，当时17万户网上申购者满以为其260亿元的发行量可以让他们多分一杯羹的时候，公布的中签率无情地击碎了他们的美梦——网上个人投资者单账户满额申购平均中0.449签（449元）。与此同时，网下机构投资者满额申购的单账户中404.50万元，按照2019年2月18日上市首日开盘价114.00元计算，网上申购单账户平均收益62.93元，而网下申购单账户收益56.63万元，约为网上单账户收益的9000倍。如果你以为网下申购账户一个月收益56.63万元已经到达“天际”了，那么我告诉你，你太天真了。

2019年3月初中信转债（113021）发行时，我们来看看当时网下机构申购的盛况，见表3-8。

表 3-8 “招远金”系机构户网下申购中信转债（113021）情况

序号	证券账户名称	有效认购数量（手）	初步获配数量（手）
8712	招远金百电子科技有限责任公司	8,000,000	1,456
8713	招远金百房产中介有限责任公司	8,000,000	1,456
8714	招远金百果蔬加工有限责任公司	8,000,000	1,456
8715	招远金百酒业有限责任公司	8,000,000	1,456
8716	招远金百摄影有限责任公司	8,000,000	1,456
8717	招远金百馨香蛋糕有限责任公司	8,000,000	1,456
8718	招远金百音像制品有限责任公司	8,000,000	1,456
8719	招远金百园艺花卉有限责任公司	8,000,000	1,456
8720	招远金百装卸搬运有限责任公司	8,000,000	1,456
8721	招远兰亭茗茶有限责任公司	8,000,000	1,456
8722	招远市金百仓储管理有限责任公司	8,000,000	1,456
8723	招远市金百服装有限责任公司	8,000,000	1,456
8724	招远市金百干洗有限责任公司	8,000,000	1,456
8725	招远市金百家电维修有限责任公司	8,000,000	1,456
8726	招远市金百建材有限责任公司	8,000,000	1,456
8727	招远市金百建筑有限责任公司	8,000,000	1,456
8728	招远市金百健身器材有限责任公司	8,000,000	1,456
8729	招远市金百口腔有限责任公司	8,000,000	1,456
8730	招远市金百美食城有限责任公司	8,000,000	1,456
8731	招远市金百水产品有限责任公司	8,000,000	1,456
8732	招远市金百物流有限公司	8,000,000	1,456
8733	招远市金百置业有限公司	8,000,000	1,456
合计		176,000,000	32,032

这是当时最著名的“招远金”系机构户，相关联的 22 个公司业务涵盖范围从房产中介到果蔬花卉，又从搬运仓储到服装干洗、家电建材，“招远金”系机构户足足用了 22 个账户申购中信转债，每户顶格申购 80 亿元，合计 1760 亿元，最终实际获配可转债 3203.2 万元，按照上市首日（3 月 19 日）开盘价 107.65 元计算，可获利 245 万元。这下终于算是赚到“天际”了吧？答案还是否定的。其实“招远金”忽

略了一个最重要的手段——当时每个机构户可以开设三个证券账户和三个基金账户，而每个账户都可以参与一次网下申购，如果“招远金”能够像表3-9所示的“迅投网科”一样，每个公司充分利用6个账户申购，那么它能够达到的极限是申购1760×6=10560（亿元）的可转债，理论上获配金额最高可以达到1.8亿元，获利将超过1000万元。以后董事长大可低调地说：“我平时做的都是上万亿的生意……”

表3-9　迅投网科“拖拉机”账户网下申购中信转债情况

序号	证券账户名称	证券账户号码	有效认购数量（手）	初步获配数量（手）
8774	浙江迅投网络科技有限公司	B882432642	8,000,000	1,456
8775	浙江迅投网络科技有限公司	B882432309	8,000,000	1,456
8776	浙江迅投网络科技有限公司	B882431997	8,000,000	1,456
8777	浙江迅投网络科技有限公司	F142422451	8,000,000	1,456
8778	浙江迅投网络科技有限公司	F142417846	8,000,000	1,456
8779	浙江迅投网络科技有限公司	F142414123	8,000,000	1,456
合计			48,000,000	8,736

除了这些“皮包公司董事长”之外，券商也疯狂开启了外挂模式，上百个账户一起上阵让人眼花缭乱，目瞪口呆。其中，平安证券500个账户、渤海证券300个账户、东方证券271个账户参与中信转债的网下申购。

这种机构投资者与个人投资者在可转债申购上利益的巨大差异立刻引来口诛笔伐。监管层对此迅速反应，2019年3月20日晚，监管层对可转债网下申购提出两点要求：①不得多账户申购；②申购数量不得超过其对应资产规模或资金规模。受此影响，已于3月20日公布的亨通转债中签率宣告作废，并按照新要求重新调整网上中签率及网下配售结果，原定于3月20日的摇号抽签仪式一并延期。从2019年3月27日启明转债（128061）和大丰转债（113530）发行开始，网下申购需要提供资产与申购金额相匹配的证明，该规定一直持续至今。自此可转债网下申购进入新一轮整顿规范期。

由于可转债打新持续的赚钱效应，吸引了越来越多的投资者，可转债网上申购户数已从2019年1月初的5.82万户（等效满额户数），上涨到2020年4月末的616.92万户，一年多时间申购户数增长超过100倍。户数增加随之而来的是中签率急剧下降。而发行公司和发行机构从审核成本和工作效率等多方面综合评价，开始考虑放弃网下申购的环节。按照原来惯例，可转债发行超过10亿元就可能会设置网下申购，但在2020年伊始，所谓的惯例却接连碰壁：发行总量40亿元的希望转债（127015）和73亿元的东财转2（123041）均放弃了网下申购途径。

笔者估计，将来可转债网下申购的规则还会进一步规范和细化。其规范重点仍是超过资产规模申购这一核心问题，具体举措有可能从申购账户资产总值入手。

第十节　可转债和可交债的区别

可转债本身就是小众投资品，而可交债更是小众中的小众。当前上市交易的可转债239只，可交债14只（数据截至2020年4月30日），两者相差一个数量级。不过可交债里仍然藏有金子，尤其是对于资金量较大的合格个人投资者而言。

表3－10　可转债与可交债对比一览表

项目	可转债	可交债
简称	CB	EB
发行主体	上市公司	上市公司股东
担保方式	第三方担保/无担保	股票质押担保
股份来源	新增股份	存量股份
转股后股本变化	增加	不变
发行目的	融资用于公司发展	股东减持股份/低息借款
转股期限	发行6个月后	发行12个月后
票息	年化2%～4%	年化0.5%～2%
转股价格下修意愿	强烈	不强烈
回售时间	最后两年	最后一年
投资者要求	无	一般为合格投资者

表3－10 为两者的主要差异，下面的分析基本是围绕上述内容展开。

一、简称

可转债英文简称 CB，可交债英文简称 EB。可转债的命名规则是××转债，深市可转债在第二次发行时简称为××转2，如长青转2、万信转2等，未来会有转3、转4的出现。沪市可转债则没有这样的规定，如山鹰转债，实际是山鹰纸业第三次发行的可转债，同时上市交易的山鹰纸业第四次发行的可转债则命名为“鹰19转债”。可交债的命名规则通常是发行年份（两位数字）＋发行方＋EB，如20华菱EB。

通过可转债名称基本可以知道对应的正股，可交债多数情况也可以判断可以交换的股票，毕竟多数情况可交债是由大股东发行，发行方和对应标的股票关联很大。但是一些可交债光看名字是不知道对应标的的，如14宝钢EB对应标的为新华保险，15国资EB对应标的为中国太保，19东创EB对应标的为华安证券。

二、发行主体

可转债发行主体是上市公司，可交债发行主体是上市公司的股东。

三、担保方式

可转债发行方净资产不低于15亿元可以不设担保，低于15亿元则需要担保（创业板公司发行可转债净资产低于15亿元也不需要担保）。担保，可以第三方担保，也可以股票担保。华通转债就是采用股票质押担保，还出现过股票下跌担保不足的情况，由于大股东无法增加股票担保，采用了增加质押担保人的方式增加股票担保。对于可交债，担保方式是预置股票用于交换，且作为担保。

四、股本变化

可转债股票转股后，股本增加；可交债转股只是股票从发行方转移到投资者手上，股本不增加。

五、转股价格下修意愿

可转债可以视为非定向增发，可交债可以视为股东减持。这是可转债和可交债的核心差异。这也决定了可转债发行方更加有动力促进转股，包括转股价格下修，发布信息促使股价上涨等。可交债相当于股东减持，价格低了就不太愿意，转股价格下修的情况极为罕见。另外，从下修的流程看，可转债的下修程序较复杂，需要提前 15 天公告股东会议，同时需要 2/3 赞成票通过（持有可转债的股东无投票权）方可下修。而可交债的下修则发行方通过即可，之前提到的 15 国盛 EB 的转股价格下修，就是在达到回售标准前最后两天才公告下修，将回售的计数时间充分用足。

六、回售时间

可转债的回售时间通常是最后两年，可交债的回售时间通常是最后一年。一般谈到“通常”，往往意味着有“特例”。比如，未来转债（128063）回售期就是最后一年，15 清控 EB（132003）回售期是最后半年。

七、转股规则

可转债转股申报数量可以超出实际持有数量，转股数量以实际持有数量为准；而可交债转股申报数量不得超过实际持有数量。

八、投资者要求

所有投资者都可以参与可转债的申购和交易。2019 年发行的可交债中，仅有 G 三峡 EB1 允许普通个人投资者申购和交易，而绝大部分可交债仅面向合格个人（机构）投资者发行和交易，如 20 华菱 EB。这类可交债的标识为：在交易软件上其交易代码后附带有一个“Q”字母标识。

第十一节 可转债 VS. 可交债：牛市都一样，熊市大不同

截至2020年4月30日收盘，当日交易的可转债数量为239只，平均价格为129.42元，平均溢价率39.56%。在可转债受到热捧的同时，不少投资者把目光投向了价格较低的可交债，以为可交债和可转债只有一字之差，应该大致是差不多的投资品。其实两者有本质的区别。

一、可转债与可交债：形似神异的两个不同投资品

可转债，指的是持债者可将它转换成股票，是凭空多出来的股票，相当于股票增发。如果所有转债都转成股票，上市公司等于“空手套白狼”得到一笔投资款，这笔债再也不用还了。达到强赎条件（也就是引发大面积转股）是债民和上市公司的共同愿望。

可交债，持有人可用它与上市公司股东交换股东手里的股票，是股东将手里的股票质押，向债民借钱，可交债最终是要还的！要么以现金的方式还，要么以股东质押的股票来还。如果以现金方式还，那么可交

债就成了低息债券；如果以股东的股票来还，股东就要减持股票。

显然，投资者更希望可交债的正股价格达到换股价的130%以上，这样可交债价格也水涨船高，自己可以赚得更多。但是，股东未必想因为换股，导致自己手里的股票“被减持”。换句话说，正股价格在换股期间达到换股价的130%以上，未必是股东期望的。也许，股东更希望控制较多的股权，发行可交债只是他们低息借款的好途径，那么，可交债到期还钱，则是股东更喜欢的结果。

上述是着眼未来正股价格上涨的动力是否足够，是向上看投资机会。我们还可以向下看投资机会。在可转债中，有一个回售条款，上市公司通常会为了避免可转债触发回售，在熊市中一而再、再而三地下调转股价格，目的就是不还这笔钱！所以，当正股价格下跌到快触发回售时，上市公司都会尽量下调转股价格，这对可转债的持有人来说，相当于送了一个大“红包”，因为1张可转债可以换更多张的股票了。

但把同样的情况换到可交债上，就要打个问号了。当正股价格下跌到快触发回售条款时，股东会乐意下调换股价吗？这可不一定。每一次下调换股价，都是给可交债的持有人送“红包”，但这个“红包”是从股东身上割下的“肉”，因为每1张可交债可以从股东手里换到更多的股票，即股东以更低的价格割掉自己的股票，这可能是股东不乐意的事情。遇到这种情况，股东可能更愿意还钱，而不是贱送股票。为什么很多人不愿意“割肉”手里的股票，因为“剥夺错觉”会令人很痛苦！因此，在下调换股价这件事上，可交债绝没有可转债那么干脆和义无反顾。股东也许会乐意触发回售，那么可交债就成了一只没有一点盼头的低息债券。既然把可交债当成债券，那么可交债的期权价值是远低于可转债的，可交债需要提供更高的税后收益率作为回报给投资者。

我们将可转债看成是“保本的股票”，当它税后收益为正时，就进入了建仓线，税后收益率如果与货币基金相当时，那就非常有投资价值了。但对可交债，更倾向于将它看成一只债券，要求它有更高的收益率，才值得投资。因为公司股东或许只想高位减持股票，或许只想低息借钱而已。

可转债和可交债是形似神异的两个不同的投资品种，背后有着不同的力量博弈。在取名上两者有不同规则，可转债通常为“××转债”，可交债带有 EB 字样，如 15 国盛 EB。另外，可转债是全价（含息）交易全价结算，可交债和普通债券一样是净价（不含息）交易全价结算。

二、可交债的投资价值

比较了这么多，是不是可交债就没有投资价值呢？当然不是。

可交债相对可转债来说，可能存在发行人下修动力不足的情况。但它们的价格最终都取决于对应的正股。无论是可转债还是可交债，如果想获得更多的收益，关键还是正股要涨得足够多。

没有人可以决定正股能涨多少。发行人能随心所欲地控制自己公司的股票价格吗？显然不能。无论是可转债还是可交债，其价值都来自对应的正股。只要正股涨得足够多，可交债和可转债都是一样赚钱的。可转债和可交债都是“保本的股票”，但是，是否保本最终取决于你买入的价格；能否赚得更多，则取决于正股有多少涨幅。

从对大股东的效用上看，可转债是“增发股票”，可交债是“减持股票”。在熊市时，可转债因为“下修动力”足够，会比可交债整体表现更好；在牛市时，鸡犬升天，皆大欢喜，两者赚钱效应则是差不多的。

第四章 可转债交易策略

第一节　网上申购策略

网上申购策略是最简单、也是风险最低的一个策略，尤其适合资金量较小的个人投资者。

我们回过头，看看2019年可转债信用申购情况。

2019年，个人投资者可参与的可转债（含可交债）网上申购数量是127只，其中可转债126只，可交债1只。平均单账户中57.72签，收益5891.73元。这一收益大致相当于二线城市一名企业员工一个月的工资水平。

一、网上申购值得全力参与

通过对2017年9月可转债信用申购以来的数据进行回测和分析，可以认为，可转债网上申购具备“两低两高”的特征——风险低，中签高；投入低，收益高。换句话讲，可转债网上申购是对广大散户最友好的投资品种和投资方式，没有“之一”。

二、新债上市破发不可避免

可转债上市距离发行需要约 1 个月的时间，这期间对应正股的价格往往大幅波动。对于申购可转债可能出现的破发，没有完全避免的方法。如果通过一些指标来进行筛选，放弃某些可转债的申购，那么，不少可能盈利的可转债也将因此被排除在外。2019 年，虽然有 10 只可转债出现破发，不过让人欣慰的是，所有破发可转债当年最高价均涨回到面值以上。

一般来说，除非一段时期内可转债出现大面积密集破发，个人投资者均应积极参与网上申购。

三、单账户资金容纳量随市场波动变化较大

如果按照上市首日即卖出的原则操作，滚动使用资金，2019 年单个账户理论上需要 10450 元的资金就足够周转了。如果每只都不卖继续持有，则需要约 6 万元的资金。

值得注意的是，当股市处于熊市时，可转债申购收益和申购户数都将大幅下降，此时中签率将大幅提高，所需资金额度也势必大幅增加。

四、新债卖出没有最优策略

由于每位投资者可配置资金、心理承受力、预期收益率、对可转债认知程度各不相同。因此，并没有一个放之四海而皆准的最优卖出策略。一般来说，投资者可以根据自身的情况，采取以下四种方式卖出中签的可转债。

①账户资金较少，需要保持打新资金循环使用，或对可转债不太熟

悉的投资者，可以采取上市首日就抛售的卖出策略。

②对于可转债有一定了解，资金充裕且笃信可转债会强赎的投资者，可以采取设定目标价格的卖出策略（目标价格可以自行定义）。

③对于期望高收益、低回撤的投资者，可以采取在目标价位设定回撤幅度的卖出策略（回撤幅度、比例也可以自行定义）。目前一些券商可以设置条件单，一旦回撤幅度达到某一阈值，就会触发系统自动卖出可转债。

④建立组合轮动。这一点可以结合下文的其他策略来实施。

以上策略都各有优缺点，期望找到每一个品种都卖出在最高点的最优策略是不现实的。

第二节　抢权配售策略

可转债的抢权配售是指，上市公司发行可转债时，原本不持有公司股票的投资者，通过在股东优先配售股权登记日（T－1日）持有一定数量公司股票的方式，在可转债网上申购日（T日）优先配售到一定数量的可转债，并于当日卖出公司股票的投资方式。

抢权配售是可转债各种策略中难度较高、风险较大的一种，投资者需谨慎参与。

一、抢权配售策略的核心

抢权配售策略是否成功取决于通过配售可转债获得的收益能否完全覆盖（抢权）正股下跌的损失，从而在整体上获得盈利。当然，市场情绪乐观时，常常出现正股和可转债均获得盈利而大获全胜的情况，这也导致不少投资者乐此不疲地参与抢权配售。

从实际操作来看，除权后正股的跌幅和可转债上市的涨幅都难以准确测算，目前一般是通过计算可转债的收益情况来测算正股可以承受的可转债的下跌幅度（盈亏平衡点）。

二、抢权配售策略盈亏平衡测算

下面以2020年1月13日发行的东财转2（123041）为例，来谈谈抢权配售策略的盈亏平衡点测算。

按照发行公告，每股东方财富股票可以配售1.0870元面值可转债，这个数据完全可以提前测算出来。具体测算公式为：

每股获配可转债金额 = 发行规模/公司A股总股本

该公式表示，当可转债全部配售给全体股东时，每股股票可以配售可转债的金额。东财转2的发行规模为73亿股，总股本为67.156087亿股，按照上面的方法计算，每股可获配：

$$73/67.156087 \approx 1.0870\text{（元）}$$

这个计算数值和公告数值完全一致。需要说明的是，可转债发行时，上市公司可根据实际情况（例如公司回购账户股票不参与配售），调整可参与配售股本数（只会减少，不会增加），因此提前测算的数值有可能会偏小，但绝大多数情况是一致的。

按照上一章提到的“相对估值法”预测东财转2上市价格为125元，那么可转债的收益率为25%。持有1股东方财富，其收益为：

$$1.087 \times 25\% \approx 0.272\text{（元）}$$

也就是说，东方财富每股含权0.272元，如果在可转债网上申购日，东方财富股价距离买入成本不超过0.272元，抢权配售都是获利的。

对于可转债的配售，专业投资网站——集思录则是采用百元含权的参数。这是一个比较直观的数据，它的含义就是100元市值股票含权（转债配售）金额的大小。百元含权是折算出来的数据，它随正股的价格变化而变化。以 2020 年 1 月 10 日东方财富股票收盘价 16.11 元计算，百元含权数值（无单位）为：

$$100 \times 1.087/16.11 \approx 6.747$$

如果按照可转债上市首日上涨 25%（转债价格 125 元）计算，正股可以承受的跌幅为：

$$6.747 \times 25\% \div 100 \times 100\% \approx 1.69\%$$

可承受的跌幅折算成价格，其数值为：$16.11 \times 1.69\% \approx 0.272$（元）

这与前面的计算是一致的。

三、影响抢权配售策略盈利的因素

（一）正股除权后下跌幅度要小

正股在可转债网上申购日（T 日）实际上经历了配债权的除权过程，正股能上涨是最理想的情况，但是实际上申购日正股因为除权往往会出现下跌。对于 T 日正股可能出现的下跌幅度，与正股的质地以及近期股价是否因为抢权配售被炒作有较大关系。

（二）可转债预期交易价格要高

可转债上市通常是发行后半个月到一个月，要准确预测价格较难，预测的方法一般是以相似的可转债作参考的相对估值法。从定性来说，高转股价值、高评级、热点行业的龙头企业可转债，其预期交易价格一般较高。

（三）正股含权要高

正股含权指每百元正股可以认购可转债的金额。这个数值越高越好，通常每百元正股可获配 5 ~ 20 元可转债。可转债上市价格相同时，正股含权越高，配债收益也越高，可以承受正股的下跌幅度越高。

一般来说，可转债发行量越大，公司总股本越小，可转债的正股含权越高。

四、抢权配售策略的风险

①可转债发行中止。例如，2019 年交行转债在发行前夕中止发行，所有抢权配售投资者悉数亏损。

②抢权配售成本过高。

③正股除权日下跌幅度过大。例如，2020 年 4 月 1 日（T 日），利群股份除权跌停。

④可转债上市成交价格低于预期。

第三节　“一手党”超额配债策略

上一节谈到可转债的抢权配售策略具有高风险的特性，但是“一手党”（以最低成本获得1手可转债配售资格的投资者）可以通过精确算法原则，超额配售沪市的可转债，提高单位成本的盈利，或通过两融账户进行特定的操作以获得确定的收益。需要说明的是，这一策略虽然风险极低，但程序烦琐且总体收益不高。

一、“一手党”利用“拖拉机”账户超额配售

上一节谈到的抢权配售策略均是按照足额配售来计算的，比如一股沪市正股可配售两元可转债，那么买入500股正股即可配售一手可转债，而利用精确算法原则，可以买300股正股即获得配售一手可转债，这样可转债的获益是相同的，而正股的亏损幅度却减少了，单位成本获利大幅增加。

一个账号配售一手获益并不多，因此需要更多的账号进行操作。目前，一个身份证可以在同一个券商开通沪市三个账号，简称“一人三

户”（三户在不同证券公司也是可以的，只是在同一个券商，操作会方便很多）。一个身份证就可以通过三个账号配售三手可转债，这种加挂三个账号的账户俗称“拖拉机”账户。由于个人还可以开通一个信用账户，这样对于持有信用账户的个人投资者，相当于“3 + 1”——拥有 4 个账户参与配售 4 手可转债。

需要说明的是，信用账户的股票可以通过普通账户划转获得，这样有两个好处：一是减少交易费用，特别是股票账户没有“免五”（免除股票单笔交易最低 5 元佣金限制）优惠的，由于购买股票的数量和金额都不大，买入两次需要缴纳 10 元的手续费，而通过划转只用在普通账户购买一次，费用仅需 5 元。二是划转可以出现碎股。假设每股正股可配售 2. 4 元沪市可转债，按照精确算法原则，需要买入 300 股获配一手可转债，而采用划转的方式，则可以用普通账户买入 500 股，在 T - 1 日划转 250 股至信用账户，这样普通账户和信用账户各持有 250 股参与可转债配售，尾数是 0. 60 手，按照精确算法原则，大概率可以各获配一手可转债，这样操作，比普通账户和信用账户各买入 300 股参与配售的成本少 100 股。

二、直接买入正股配债 + 融券卖出正股对冲

有投资者“脑洞大开”，想在普通账户买入正股抢权配售的同时，再在信用账户融券卖出同等数额的正股，以对冲正股下跌的风险，从而实现无风险获得可转债的配售权利。这一设想很“丰满”，但现实很“骨感”。这一看似无风险获取配债的思路是行不通的。因为该方案忽略了融券补偿原则。投资者补偿给券商的资金金额 = （可转债上市首日交易均价 - 可转债发行价格） × 股权登记日融券数量 × 配债比例。

如果可转债上市首日交易均价在面值以下（也就是破发），则券商

不会反向补偿。简单地说，就是融券期间，可转债上市收益归券商所有，亏损则由投资者承担。

三、间接利用融券对冲配债

由于融券卖出可转债配债需要一个权益补偿，信用账户直接融券卖出和普通账户买入获得配债这样的思路是行不通的。但是结合一手配售的思路，则有效解决了这一矛盾，即间接利用融券对冲配债是可行的。

例如，每股正股可配售 2 元可转债，那么信用账户融券卖出 1500 股正股，需要补偿 3 手可转债的收益。同时，5 个普通账户分别买入 300 股正股，每个账户各获配 1 手可转债，一共获配 5 手。减去需补偿的 3 手，整体无风险收益为 2 手可转债的获利金额。

第四节 折价套利策略

可转债含有看涨期权，理论上可转债溢价率应为正值，但实际中常常出现可转债溢价率为负值的情况。此时，转债价格低于转股价值，可转债相对正股折价。如何利用可转债折价这一情况获得收益呢？下面笔者以平安转债（113005）为例，进行简要说明。

中国平安于2013年11月22日发行260亿元可转债，简称为“平安转债”。平安转债于2013年12月9日起上市交易，2015年1月10日退市。

一、折价套利策略的充分条件

①在转股期内；

②可转债相对正股折价；

③持有正股或能够融券卖出相同金额的正股。

简而言之，折价套利就是当可转债相对正股折价时，持有正股—卖出正股—买入相同金额的可转债—当天转股—第二天重复。

实际操作中，存在股票和可转债价格随时波动变化带来溢价或折价的风险。相对来说，可转债折价幅度越大，股债转换间隔时间越短，套利安全性越高，获利越丰厚（对于长期持有正股来说，套利时正股涨跌不予考虑）。

二、折价套利实际操作

（一）操作成本

根据笔者的实战经验，可转债折价 1% 以上就可以进行折价套利。成本分析如下：

交易成本："千 1.5"左右。其中，卖出正股印花税"千 1"，手续费"万 2"，买入可转债手续费"万 1"（手续费数值仅供参考），其他成本不超过"万 2"，转股成本为 0。

风险成本：（套利时价格波动带来的风险）笔者给的安全垫是"千 3"。

保底利润：笔者预计为千分之五。

如果是持股数量较多，为了化解价格波动风险，建议采取拆单多次交易的方式，平滑交易价格，避免一次失手、全盘皆输的局面出现。

（二）及时判断折价幅度

建议在股票交易软件显示界面上通过"叠加品种"来显示正股和可转债走势差异。

（三）严格执行套利操作指令

卖出股票的同时要尽快买入可转债，切勿在股债转换的同时做高抛低吸。

转股委托后，可转债并没有锁定，依然可以照常买卖。如果收市持仓里没有可转债了，系统就会当成无效委托。以防万一，避免尾市忘记或来不及下单转股的情况，建议采取先委托转股，后买入可转债的办法。

（四）其他

以华泰证券交易界面为例，可转债转股，投资者在“其他交易”—“债转股”界面输入可转债交易代码 + 转股数量（单位：手）即可，不用填写价格。

从 2014 年 12 月 17 日起到 2015 年 1 月 8 日，笔者在平安转债上总共折价套利 15 天，无风险总收益率约为 4%。

第五节　正股替代策略

正股替代是指当可转债符合某项标准时，可转债可以作为正股的替代品持有。笔者总结的替代标准有如下 4 项（具备任意 1 项即可）：

第一，可转债相对正股折价时。

当可转债处于转股期内，该策略其实就是上一节提到的“折价套利策略”；当可转债未进入转股期，该策略其实就是持有一定折价幅度的正股。一般来说，可转债一旦进入转股期，该折价幅度就会大幅收敛甚至消失。

第二，当对正股预期不确定，而可转债溢价率较低时（一般应低于 10%）。

此时，可转债相对正股，进可攻，退可守。如果正股大幅上涨，可转债完成强赎，持有可转债也就是比正股少收益 10% 而已；如果正股大幅下跌，可转债由于债性、下修以及回售的保护，一般来说，可转债的跌幅会远远低于正股，并且作为债券，最终都能还本付息。

第三，当正股涨停，无法直接买入时。

由于可转债不设涨跌幅度限制，因此当正股涨停无法买入时，可以通过买入对应的可转债，间接持有正股，或者是买入可转债后实施转股，直接持有正股。

第四，短线交易。

利用可转债 T+0 回转交易、交易成本低的特点，进行日内短线交易。

第六节 “下修博弈”策略

可转债转股价格向下修正（简称“下修”）是可转债独有的条款，这是股票、基金、企业债所没有的，也是可转债安全性远优于其他证券品种的核心条款。本节着重讨论在不同情况下，下修博弈的特点以及筛选可转债标的的思路。

一、被动下修类

（一）避免回售

可转债进入回售期且正股价格大跌时，转股价值一旦低于阈值将触发回售，因此，回售和下修是相互博弈的条款。在转股价值触发回售前，上市公司可以通过转股价格下修来规避回售的情况发生。

由于回售期一般是最后两年，因此，这一类的可转债一般是在上市交易时间已满 4 年，且转股价值低于 70 元的可转债中筛选。

（二）触发附加回售条款

附加回售条款是指，发行可转换公司债券募集资金运用的情况与公司在《募集说明书》中的承诺相比出现重大变化，且该变化被中国证监会认定为改变募集资金用途时，可转债持有人可向公司回售可转债。不少上市公司负债压力大，通过可转债发行募集的资金在改变使用用途时，为避免向债权人还本付息，往往通过积极下修提高可转债的转股价值，避免大规模回售的情况出现。

二、主动下修类

（一）促使转股

部分可转债并没有回售压力，却迫不及待地进行下修，其转股意愿非常强烈。例如，2018 年 5 月江银转债（128034）和无锡转债（110043）尚未进入转股期就下修转股价格，而且在下修公告中明确下修到底。2018 年 8 月，常熟转债（113018）和江银转债（128034）下修转股价格。值得注意的是，江银转债距离上一次下修仅仅过去 3 个月，刚满足下修条件就实施下修，这是公司向可转债投资者表明其尽力促成转股的意愿。受江银转债连续两次下修的影响，无锡转债（110043）也受到投资者追捧：当股票价格下跌，即将满足下修条件的时候，可转债价格反而上涨。

银行类可转债只有转股才能真正补充资本金，因此，一般来说，正股 PB >1 的银行类可转债的下修意愿比较强。

筛选这一类可转债，应同时具备以下条件：①公司有强烈的下修意愿；②股票价格低于下修阈值；③正股 PB 要大于 1，且较 1 倍 PB 有较大空间（一般要求在 1. 3 以上）；④大股东开始清仓可转债以获得在股东大会相关议案的投票权。

（二）配售方自救

2018 年，部分可转债发行濒临失败，最后依靠大股东大比例配售或者承销商大比例包销，才勉强发行成功，而上市之后可转债价格又长期低于发行面值。为了解决大股东和承销商被套牢的局面，公司往往会选择转股价格下修以提高可转债的预期价格，从而可以顺利在面值以上卖出可转债，实现解套。

筛选这一类可转债，应同时具备以下条件：①可转债上市后价格长期在面值之下；②大股东或承销商持有可转债比例高（20%以上）。

当然，这类博弈也会出现“翻车”的情况。蓝思转债（123003）于2018年6月首次提议下修，提议后，可转债价格上涨超过面值，承销商顺利出局，但随后下修议案投票未获通过，次日可转债价格跌幅超过5%，买入可转债的投资者暂时被套牢。

三、特殊事件博弈

《公司法》第一百七十七条“公司减资”的条款明确规定，公司减资时，债权人自接到通知书之日起30日内，未接到通知书的自公告之日起45日内，有权要求公司清偿债务或者提供相应的担保。

上市公司和可转债持有人对上述条款有不同的看法。虽然绝大部分上市公司认为可转债不适用该条款，减资时可转债不应纳入债务清偿序列，可转债的《募集说明书》中也明确表示，公司因股权激励回购股份导致的减资不召开持有人会议。但是笔者认为，不管上市公司认为上述条款是否合理，一旦公司出现减资，那么可转债持有人完全有权利要求上市公司立即提前清偿所有的可转债，除非公司依法召开可转债持有人会议，审议并通过“同意放弃提前清偿债务”的相关议案。

这里有两个有趣的典型案例。由于回购并注销部分股权激励股票导致公司减资，2019年9月17日，洪涛股份（002325）发布了《关于回购注销部分限制性股票的减资公告》，可转债持有人“小卡”于9月下旬书面向公司发函，要求公司在减资的情况下提前清偿所有可转债——当然，如果公司主动下修转股价格，他将放弃要求公司提前清偿的权利。为此，洪涛股份决定于10月30日召开可转债持有人会议，审议《关于不要求提前清偿债务及提供额外担保的议案》。但是，在10月30日的会议中，该议案未获通过。此时公司陷入了两难：如果清偿可转债，公司资金“压力山大”；如果下修到底，公司股东权益摊薄厉害（可转债在公司市值中占比超过30%），甚至可能出现控股股东因此失去公司控制权的情况。最后，公司在11月20日召开临时股东大会，通过下修转股价格议案，但是转股价格并未下修到底。此时距离发布减资公告之日早已过了45日。

几乎同一时间，永鼎股份（600105）于2019年10月28日审议通过了关于公司减资的相关议案，但公司并未意识到该议案需要可转债持有人“同意放弃提前清偿债务”。10月31日，“小卡”联系公司，提出：①永鼎转债投资者依法享受提前清偿可转债的权利。②为避免清偿，建议公司考虑将永鼎转债转股价格下修到底。经过沟通，公司于11月21日发布公告，建议下修永鼎转债转股价格；12月18日，股东大会通过了将转股价格下修到底的议案。至此，双方各退一步，握手言和。

值得注意的是，此时永鼎股份仍然没有召开可转债持有人会议，审议“同意放弃提前清偿债务”的相关议案。严格意义上说，可转债持有人依然可以要求清偿可转债。但是，可转债持有人此时要求清偿，明显不如转股价格下修到底更加实惠，因此清偿一事也就不了了之，无人提起了。

第七节　防守之“双低”策略

我们建立一个坐标系，将可转债的价格设为横坐标，可转债的溢价率设为纵坐标，把所有的可转债划分到坐标系四个象限中，如图4－1所示。

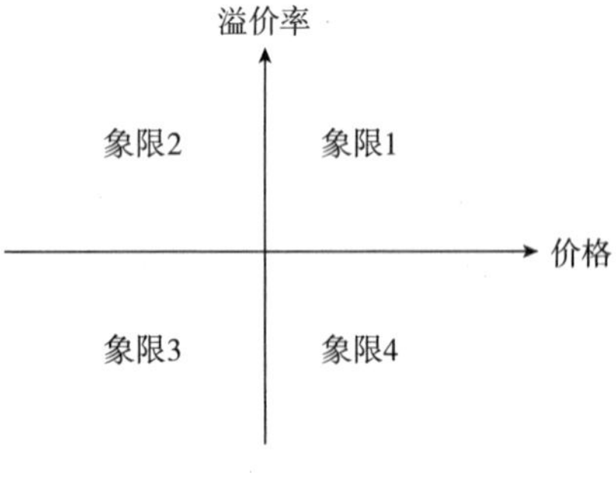

图4－1　可转债的划分

象限1：高价格，高溢价率。这类可转债一般质地好，强赎确定性高，对应的公司位于行业龙头。这类可转债在牛市中常见，不是低风险投资者的首选。除此之外，还有一部分规模小的可转债，完全脱离了可转债的基本属性，成为游资炒作的对象。例如横河转债（123013），截至2020年4月27日，剩余规模仅有38.3万张，转股价值为72.02元，转债价格为328元，溢价率355.45%。

象限2：低价格，高溢价率。这类可转债往往转股价值低，债性强而股性弱，受大盘影响较小。当可转债转股价格下修时，低价格高溢价率往往会变为低价格低溢价率，这类“丑小鸭”很容易变成“白天鹅”。

象限3：低价格，低溢价率。这类可转债债性强，股性也不弱，是可转债防守反击的典范。

象限4：高价格，低溢价率。这类可转债债性弱而股性强，往往存在于未进入转股期的高价格低评级可转债或者已经进入转股期面临强赎的可转债中。

本节主要讨论的是象限3的可转债操作策略。

标准的“双低”策略，是在目前200多只可转债中，计算“双低数值”（价格+溢价率×100），并按照从小到大排序，选取数值最小的5~20只建立组合。这样可以排除绝大多数高价格可转债和高溢价可转债。这类可转债的典型例子是2018年8月14日上市的，信用评级为AA级的盛路转债（128041）。上市当天收盘价为96.832元，溢价率为-2.32%。这种溢价率为负值且公司基本面没有任何问题的“双低”可转债是难得一见的，一旦出现，应该毫不犹豫地将其纳入“双低”组合。

同时，“双低”策略是一个动态的轮动策略，轮动可以按照时间来操作，例如，每隔一周时间进行轮动；也可以按照“双低数值”设定阈值，满足条件即进行轮动。

我们选择从2017年12月29日起至2020年3月6日，对可转债数据进行回测，选择十只“双低数值”最低的可转债建立组合，并将轮动调仓的阈值设置为：拟调出可转债“双低数值”－拟调入转债“双低数值”>5。

我们来看看双低前十指数与国证转债指数、沪深300指数对比。

其中，国证转债指数（399413）是采用加权方式；沪深300指数（399300）是在上海和深圳证券市场中选取300只A股作为样本的成分指数。

可以看出，“双低前十指数”获益明显优于国证转债指数和沪深300指数，见图4－2。

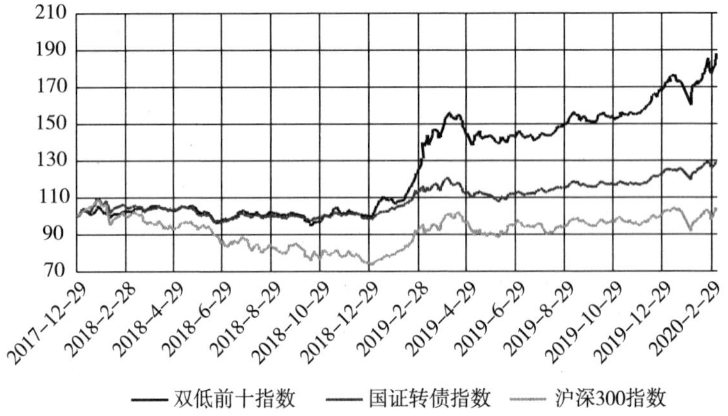

图4－2　2017年12月29日—2020年3月6日

双低前十指数与国证转债指数、沪深300指数走势对比

初始日期和结束日期，以及最高值和最低值数据见表4－1。

表4－1　双低前十指数与国证转债指数、沪深300指数对比

对比项目	双低前十指数	国证转债指数	沪深300指数
2017/12/29	100.00	100.00	100.00
2020/3/6	188.03	128.99	102.67
最高值	188.03	129.25	108.91
最低值	94.82	96.30	73.55

可见，双低前十指数组合的收益是优于国证转债指数的，也优于同

期的沪深300指数。但是需要留意的是，“双低前十指数”组合的最低值是低于国证转债指数的，也就是说在连续的下跌趋势中，双低策略很可能会下跌得更多，其波动性更强。

当然，双低策略可以根据投资者的风险偏好，进行个性化设置，调整价格和溢价率的权重，如下式所示，调整 X 和 Y 的取值。

$$\text{转债价格} \times X + 100 \times \text{转债溢价率} \times Y$$

比如，$X=1.2$，$Y=0.8$ 时，选择出来的可转债价格会更低，溢价率会更高，防守性会更强；

反之，$X=0.8$ 和 $Y=1.2$ 时，选择出来的可转债价格会更高，溢价率会更低，进攻性会更强。

双低策略仅仅采用可转债价格和溢价率两个因素来考量可转债的优劣，难免以偏概全。在实际操作过程中，可以根据正股质地、所处行业、信用评级、转债条款等因素，在得到的初步数据中进行筛选和优化。

第八节　进攻之“低溢价”策略

上一节我们讲到，建立关于可转债的坐标系，可以根据价格和溢价率划分为四个象限，双低策略描述的就是位于第三象限的可转债。本节我们谈到的“低溢价”策略则是针对处于第四象限（高价格、低溢价）的可转债。这一类可转债股性强而债性弱。股性强表示正股上涨时，可转债能紧跟正股的涨幅，取得高收益；债性弱表示当正股下跌时，可转债价格大幅回调，收益回撤大。因此，持有此类可转债，可以说相当于持有弱保护的正股，其风险与股票接近。

从历史数据来看，未进入转股期的高价格低评级可转债和已经进入转股期面临强赎的可转债，出现低溢价甚至折价的情况最常见。

一、“低溢价”策略的原理与轮动规则

“低溢价”策略是在溢价率最低的可转债中选取一定数量，当折价幅度收敛甚至消失时，轮换到折价幅度更大的可转债，或者遇到可转债强赎退市，轮动到其他的低溢价可转债。下面对建仓和轮动做简要介绍。

建仓方法：计算可转债溢价率，选取 10 只（具体数量可以自行定义）溢价率最低的可转债，采用等权（各个可转债的数量一致）的方式建仓。等权是为了在调仓的时候便于计算和操作。

采用该策略的轮动规则如下：

①可转债退市停牌前剔除，买入非持仓中溢价率最低的转债。

②持仓可转债溢价率增大，较非持仓溢价率最低的可转债差值 5%（该阈值可自行设定），则更换可转债持仓。

③轮动不宜过于频繁。

二、"低溢价"策略的实战应用

（一）建仓

2017 年 12 月 29 日（当年最后一个交易日）按照收盘数据建仓，按照溢价率从低至高排序，选择溢价率最低的 10 只可转债，买入相同数量（如 10 张），筛选结果见表 4－2。初始指数数值为 100。

表 4－2　2017 年 12 月 29 日建仓低溢价前十指数组合

序号	转债代码	转债名称	转债价格（元）	转股价格（元/股）	转股价值（元）	溢价率（%）	收益率（%）	剩余时间（年）	发行时间
1	123002	国祯转债	111.11	21.04	113.07	－1.73	－0.08	5.90	2017/11/24
2	110032	三一转债	121.71	7.43	122.07	－0.30	－2.40	4.02	2016/1/4
3	113009	广汽转债	116.98	21.24	116.10	0.76	－1.42	4.06	2016/1/21
4	110033	国贸转债	115.92	8.81	114.64	1.12	－0.76	4.02	2016/1/5
5	113014	林洋转债	118.22	8.80	115.23	2.60	－1.16	5.83	2017/10/27
6	113015	隆基转债	118.45	32.35	112.64	5.16	－1.19	5.84	2017/11/2
7	128022	众信转债	103.56	11.12	97.93	5.75	1.13	5.92	2017/12/1
8	110039	宝信转债	106.70	18.46	100.43	6.24	0.62	5.88	2017/11/17
9	128017	金禾转债	115.22	23.92	108.36	6.33	－0.71	5.84	2017/11/1
10	128014	永东转债	104.09	20.46	97.75	6.49	1.68	5.30	2017/4/17

表4－2为基准日（2017年12月29日）按照条件筛选出来的10只可转债，据此按照规则建仓。

表4－3　2017年12月29日低溢价前十指数组合的相关数据

指数名称	平均价格（元）	转股价值（元）	溢价率（%）	收益率（%）	剩余时间（年）	指数	日期
低溢价前十	113.20	109.82	3.24	－0.38	5.26	100.00	2017/12/29

表4－3显示，筛选出来的10只可转债平均价格为113.20元，平均转股价值109.82元，平均溢价率3.24%。

（二）溢价变化轮换

2018年1月9日，蒙电转债上市，溢价率2.10%，此时持仓溢价率最高的是宝信转债，溢价率9.47%，两者差值超过5%，进行轮换。

表4－4　溢价变化轮换后的低溢价前十指数组合

序号	转债代码	转债名称	转债价格（元）	转股价格（元/股）	转股价值（元）	溢价率（%）	收益率（%）	剩余时间（年）	备注
1	110041	蒙电转债	104.18	2.95	102.03	2.11	1.14	5.95	新增
2	110032	三一转债	130.50	7.43	131.22	－0.55	－4.24	3.99	
3	113009	广汽转债	117.00	21.24	115.40	1.39	－1.44	4.03	
4	110033	国贸转债	124.34	8.81	120.89	2.85	－2.19	3.99	
5	123002	国祯转债	112.62	21.04	109.32	3.02	－0.31	5.87	
6	128014	永东转债	111.39	20.46	105.28	5.80	0.37	5.27	
7	113015	隆基转债	121.70	32.35	113.57	7.16	－1.66	5.81	
8	113014	林洋转债	116.21	8.80	106.93	8.68	－0.86	5.80	
9	128022	众信转债	106.30	11.12	97.30	9.25	0.69	5.89	
10	128017	金禾转债	120.74	23.92	110.33	9.44	－1.52	5.81	
—	110039	宝信转债	111.07	18.46	101.46	9.47	－0.07	5.85	剔除

（三）退市轮换

2018年7月6日，宝信转债强赎退市，新增非持仓溢价率最低的崇达转债，溢价率11.05%，见表4－5。

表 4－5　退市轮换后的低溢价前十指数组合

序号	转债代码	转债名称	转债价格（元）	转股价格（元/股）	转股价值（元）	溢价率（%）	收益率（%）	剩余时间（年）	备注
1	128027	崇达转债	117.00	15.11	105.36	11.05	－0.96	5.44	新增
2	123008	康泰转债	194.00	31.23	206.85	－6.22	－7.76	5.58	
3	123009	星源转债	124.40	27.69	129.29	－3.78	－2.09	5.67	
4	123005	万信转债	160.82	13.07	162.74	－1.18	－6.58	5.45	
5	128014	永东转债	105.50	13.53	101.26	4.19	1.48	4.78	
6	123006	东财转债	120.05	11.36	113.47	5.80	－1.49	5.46	
7	110032	三一转债	116.55	7.43	107.94	7.98	－1.65	3.50	
8	110038	济川转债	121.49	40.04	112.19	8.29	－2.49	4.36	
9	113506	鼎信转债	96.45	21.65	88.68	8.76	2.52	5.78	
10	128036	金农转债	89.59	9.62	78.48	14.16	3.81	5.67	
—	110039	宝信转债	141.39	18.19	143.27	－1.31	－4.55	5.37	重新纳入后，因退市再次剔除

表 4－6　2020 年 3 月 6 日低溢价前十指数组合持仓情况

序号	转债代码	转债名称	转债价格（元）	转股价格（元/股）	转股价值（元）	溢价率（%）	收益率（%）	剩余时间（年）	发行时间
1	113555	振德转债	171.21	20.04	208.88	－18.03	－5.42	5.79	2019－12－19
2	128079	英联转债	153.00	13.54	177.33	－13.72	－4.61	5.63	2019－10－21
3	128086	国轩转债	166.60	12.19	188.19	－11.47	－6.27	5.78	2019－12－17
4	128090	汽模转2	140.00	4.19	150.36	－6.89	3.35	5.81	2019－12－27
5	123037	新莱转债	132.30	11.18	140.43	－5.79	－1.97	5.79	2019－12－19
6	113548	石英转债	169.21	15.25	178.69	－5.31	－5.35	5.65	2019－10－28
7	113550	常汽转债	149.22	9.93	157.50	－5.26	－3.57	5.70	2019－11－18
8	123038	联得转债	139.15	25.39	145.81	－4.57	－2.84	5.81	2019－12－25
9	113539	圣达转债	170.05	28.78	171.30	－0.73	－6.24	5.33	2019－7－3
10	123031	晶瑞转债	223.49	18.38	224.16	－0.30	－8.86	5.48	2019－8－29

从 2017 年 12 月 29 日到 2020 年 3 月 6 日的 521 个交易日，低溢价策略除首日建仓外，共进行了 172 次轮换（买入一只可转债同时卖出一

只可转债算一次轮换，平均三个交易日轮换一次）。可以看出，2020 年 3 月 6 日的持仓（见表 4－6）和最初建仓的标的已经完全不同，这也是轮动的一个特点——对可转债没有任何感情色彩，按照标准机械轮动。“低溢价”策略的唯一标准就是溢价率，持仓都是价格相对高的可转债，这个策略和经典的可转债投资选择低价的策略几乎完全相反。组合的持仓基本是当时价格最高的一批可转债。2017 年 12 月 29 日初始建仓的平均价格低，是因为当时可转债整体价格不高，到 2020 年 3 月 6 日，平均价格高是因为可转债整体价格上涨。未来，如果可转债价格继续上涨，“低溢价”策略将更加考验投资者的心理承受能力。

表 4－7　低溢价前十指数组合轮动前后整体情况对比

日期	平均价格（元）	转股价值（元）	溢价率（%）	收益率（%）	剩余时间（年）	指数
2017/12/29	113.20	109.82	3.08	－0.38	5.26	100.00
2020/3/6	161.42	174.26	－7.37	－4.85	5.68	214.49

从表 4－7 可知，至 2020 年 3 月 6 日，低溢价前十指数为 214.49，表示从 2017 年 12 月 29 日至 2020 年 3 月 6 日，该策略总收益率为 114.49%。

三、策略实战总结

我们来看看低溢价前十指数与国证转债指数、沪深 300 指数的对比。截取初始值、最小值、最大值、当前值，各指数对比如表 4－8 所示。

表4-8　2017年12月29日—2020年3月6日

低溢价前十指数与国证转债指数、沪深300指数对比

对比项目	低溢价前十指数	国证转债指数	沪深300指数
初始值	100.00	100.00	100.00
最小值	93.57	96.30	73.55
最大值	223.56	129.25	108.91
当前值	214.49	128.99	102.67

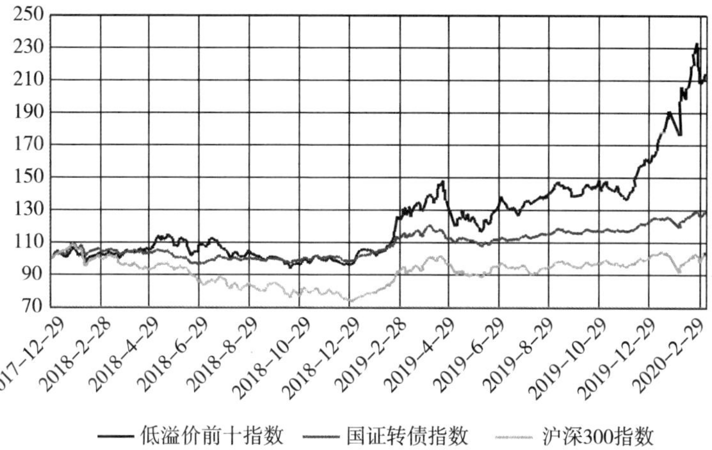

图4-3　2017年12月29日—2020年3月6日

低溢价前十指数与国证转债指数、沪深300指数走势对比

从图4-3可以看出，在2018年上半年，低溢价前十指数是有超额收益的，但是在下半年股市大幅回调时，低溢价前十指数回撤大，跌幅超过国证转债指数，显示其防守能力较差。2019年之后，受A股上涨影响，低溢价前十指数涨幅很大，回撤也很大，但是由于之前获益明显，回撤之后收益仍然超过国证转债指数，其进攻性非常明显。对比沪深300指数，国证转债指数的优势明显，下跌幅度有限，涨幅也不算太差——一年多时间，国证转债指数明显跑赢沪深300指数（沪深300未计算分红收益部分）。

可转债“低溢价”策略是进攻性很强的策略，选择可转债数量不

同有不同的结果，前面选择低溢价前十指数只是其中的一种方法。从回测数据看，可转债数量越少，进攻性越强；数量越多和整体指数越接近；当仅选择溢价率最低的一只可转债持仓，其结果是非常震撼的。

表4－9　低溢价前一指数基本情况

指数名称	平均价格（元）	转股价值（元）	溢价率（%）	收益率（%）	剩余时间（年）	指数	日期
低溢价前一	171.21	208.88	－18.03	－5.42	5.79	428.32	2020/3/6

如表4－9所示，从2017年12月29日至2020年3月6日，该组合收益率328.32%，但其间的2019年4月22日收益率最高曾达到410.8%，半年后收益回撤接近一半，显示高波动的特性。

第九节　中庸之“摊大饼”策略

本章前面几节谈到了可转债操作的多种策略，但每种策略都有明显的优缺点，实际操作中，我们往往将这些单个的策略放在一个组合里。这种多策略集大成的组合，我们形象地称之为“摊大饼”策略。

一、“摊大饼”策略的核心

该策略的精要是“三个尽可能”——包含策略类型尽可能多，可转债数量尽可能多，单只可转债占比尽可能小。

策略类型尽可能多：组合里可以同时融合低价策略（象限2可转债）低溢价策略（象限4可转债）、双低策略（象限3可转债）、高评级策略、高债底（高YTM）策略，等等。需要注意的是，笔者对于双高可转债（位于第一象限的高价格、高溢价可转债）是排除在组合之外的。

可转债数量尽可能多：数量多并没有固定的标准，需要根据资金情况分配，一般来说10万元资金可以配置10～20只可转债，100万元资金可以配置30～50只，1000万元资金则可以配置60只以上。

单只可转债占比尽可能小：随着资金量的增加，配置的数量也应该增加，一般来说，单只可转债占比不超过5%。

“摊大饼”策略的核心包含了两个认知基础：一是长期看，绝大多数可转债的结局是可以预知的，那就是以强赎的方式完成退市；二是短期看，具体哪一只可转债会上涨是无法预知的。换言之，该策略的核心就是：筛选分散、不做预测、低频轮动、小步调仓。

从近十年的可转债退市历史看，大约90%的可转债成功实施了强赎，最高价触及130元的更是达到了95%以上。但是，短期哪些可转债会涨，从笔者长期投资的经验看，绝大多数是无法预知的。例如，2019年发行的尚荣转债（128053），创下了当年可转债网上申购单账户收益冠军后就一蹶不振，直到2020年1月底，受到新冠肺炎疫情防控相关概念的影响，价格从长期盘踞110元以下，短期连续上涨突破，最高价达到385元。2019年长期位于面值以下始终不被看好的雅化转债也在当年底开始发力，2个月的时间最高涨到144元。当然，最经典的当属模塑转债（127004），在上市两年多的时间，一直属于典型的“矮穷矬”，一度跌到了83.49元的低价。2020年伊始，受到“特斯拉概念”影响而强势崛起，一跃成为可转债里的“高富帅”，价格从95元一口气涨到了285元。

对于这类事件驱动型上涨的可转债，笔者认为绝大多数投资者无法在事前清晰地分析出上涨逻辑，并在行情启动前从容完成建仓。但是对于“摊大饼”的投资者，其组合分散的特性却比较容易囊括这些可转债。

二、建仓和调仓：模拟组合

下面笔者列举一个“摊大饼”的模拟组合，该组合设定的条件是：包含低溢价策略、低价策略、双低策略、高债底策略等，可转债数量在

20~30只，单只可转债原则上占比不超过5%。按照上述原则，建立了以下模拟组合，见表4-10。

表4-10　30万元资金可转债模拟组合（2019年4月30日建仓）

序号	名称	代码	评级	买入价格（元）	转股价值（元）	溢价率（%）	持有数量（张）	总金额（元）	建仓理由
1	冰轮转债	127009	AA	133.650	163.95	-18.48	100	13365.00	低溢价
2	特发转债	127008	AA	188.200	215.04	-12.48	100	18820.00	低溢价
3	佳都转债	110050	AA	123.670	133.46	-7.34	100	12367.00	低溢价
4	尚荣转债	128053	AA	113.770	122.87	-7.41	100	11377.00	低溢价、双低
5	长青转2	128055	AA	116.350	123.23	-5.58	100	11635.00	低溢价、双低
6	亚药转债	128062	AA	106.021	111.66	-5.05	100	10602.10	低溢价、双低
7	贵广转债	110052	AA+	114.200	112.67	1.36	100	11420.00	高评级低溢价
8	绝味转债	113529	AA	120.620	114.66	5.20	100	12062.00	高评级低溢价
9	桐昆转债	113020	AA+	125.450	131.02	-4.25	100	12545.00	高评级低溢价
10	平银转债	127010	AAA	120.071	117.67	2.04	100	12007.10	高评级低溢价
11	山鹰转债	110047	AA+	110.040	107.49	2.37	100	11004.00	高评级低溢价
12	通威转债	110054	AA+	118.900	114.71	3.65	100	11890.00	高评级低溢价
13	亨通转债	110056	AA+	107.550	92.15	16.71	100	10755.00	高评级低价格
14	招路转债	127012	AAA	100.000	89.51	11.72	100	10000.00	高评级低价格
15	G三峡EB1	132018	AAA	97.940	89.73	9.15	400	39176.00	高评级低价格 现金替代品种
16	博彦转债	128057	AA-	106.137	109.33	-2.92	100	10613.70	双低
17	溢利转债	123018	AA-	107.050	110.70	-3.30	100	10705.00	双低
18	奇精转债	113524	AA	105.110	105.28	-0.16	100	10511.00	双低
19	模塑转债	127004	AA	95.670	53.76	77.96	100	9567.00	高债底
20	洪涛转债	128013	AA	97.552	36.77	165.30	100	9755.20	高债底
21	大丰转债	113530	AA	98.730	81.16	21.65	100	9873.00	高债底
22	未来转债	128063	AA-	103.600	99.77	3.84	100	10360.00	高债底
23	中来转债	123019	AA-	101.440	91.52	10.84	100	10144.00	高债底
24	现金							9445.90	
合计							2600	300000.00	

该组合建仓后到2020年3月6日，经历的主要调仓有：

①强赎退市导致的卖出：冰轮转债、平银转债、绝味转债、通威转债。

②现金替代获利卖出：G三峡EB1。

③价格大幅上涨导致的卖出：尚荣转债、模塑转债。

④轮动替换：和而转债、圣达转债、安图转债、晶瑞转债、蓝晓转债替换特发转债、佳都转债、冰轮转债；浦发转债替换招路转债；英科转债替换中来转债；万里转债替换大丰转债。

⑤新纳入组合：华通转债（重组类）、深南转债（正股替代）、希望转债（高评级、低价格）、孚日转债（双低）、鸿达转债（双低）、新莱转债（高业绩、低溢价）。

⑥新纳入的转债中，和而转债（强赎）、安图转债（强赎）、圣达转债（强赎）、希望转债（高评级、低价格转变为高价格、高溢价）、英科转债（价格大幅上涨）因不符合持仓条件已置换出组合。

从数据回测情况来看，该组合收益明显高于沪深300指数。

最后，难免牵扯到一个有趣的问题，建立组合和调仓是仅根据客观数据判断，还是需要结合人工分析剔除个别数据？在这一点上，笔者更倾向于后者。

本章说了这么多可转债投资的策略，笔者认为最适合普通个人投资者的，还是“摊大饼”策略和“双低”策略。

第五章 关于可转债的88个问答

可转债基础特征

票息

（1）@愚蠢的夹头：请问亚药转债本息合计120.1元是如何计算出来的？6年的利息一共是7.1%，加上最后115元的到期赎回价格，不应该是122.1元吗？

@饕餮海：到期赎回价格包含了最后一年的利息。

（2）@梦想靠股市买车：我算了下平银转债到期后本息应该是112.56元，为什么到期赎回却是110元？

@饕餮海：我给你算一遍：6年利息分别是：0.2%、0.8%、1.5%、2.3%、3.2%、4.0%，到期赎回价格是110元（含第六年利息），税前一共可以收到：0.2+0.8+1.5+2.3+3.2+10=18（元）利息。所以，平银转债就是单利3%的保底收益的AAA债+免费看涨期权，100元不算贵。

转股价格下修

（3）@瓦尔登LS：明泰转债的下修转股价格不得低于最近一期年报净资产。目前明泰铝业的PB已经低于1了，是不是它已经不存在下修转股价格的可能了？

@饕餮海：明泰转债发行公告指出，转股价格不得低于净资产，最近一期经审计的年报（2018 年报）显示明泰铝业净资产 10.06 元，目前转股价格是 11.49 元/股，因此明泰转债仍然存在下修可能，只是下修空间不大。

（4）@韭菜的心路历程：可转债的正股如果连续 20 日低于转股价格的 80%，就会调低转股价格，这是否是一个可转债的低风险套利空间？如果是，差不多时间到了就可以去买可转债了吗？

@饕餮海：这是转股价格下修的必要但不充分条件。

（5）@ice－建行估值低：海哥，如果可转债二级市场价格高于 100 元，例如核建转债，还可能下修吗？

@饕餮海：当然可能。

强赎

（6）@小眼睛妞妞：可转债连续 30 个交易日中有 15 个交易日超过转股价格的 130%，就要强制赎回，对吗？可是东财转债早就超过 15 个交易日了，还一直是正常交易啊，这是什么原因？

@饕餮海：强赎是公司的权利，而非义务。

可交债

（7）@LGD－imp：海哥，G 三峡 EB1 的利息什么时候会发，我在纠结是等利息发了再卖还是现在卖比较好？

@饕餮海：G 三峡 EB1 是可交债，按日计息。卖出的时候结算价＝成交价（净价）＋利息。

（8）@江宁之星：刚看到 20 华菱 EB 准备发行，我们能“摸”吗？能分析一下吗？

@饕餮海：地主家的闺女，你以为佃户想摸就摸？个人合格投资者资格的“门槛费”是 500 万元！

发行及配售

发行资料获取

（9）@悟股道常：海大，请问可转债发行的信息等相关资料从哪里能获取？

@饕餮海：拟发可转债信息在集思录的“待发转债”栏目可获取，在“雪球”相关个股界面可以查看完整的发行公告等资料。

发行流程

（10）@骑骆驼的游侠：可转债的发行流程是什么？

@饕餮海：可转债的发行流程是：董事会预案 → 股东大会批准 → 证监会受理 → 发审委通过 → 证监会核准批文 → 公告发行。

（11）@热爱投资的IT大叔：一般可转债拿到证监会核准批文后多久开放申购？这个时间是由企业自己控制，还是需要再一次等证监会放行？

@饕餮海：核准批文后的6个月内都可以发行。具体什么时候发行主要还是由相关部门控制节奏。当然也有企业主动中止发行的，比如2019年的交通银行。

发行方式

（12）@wigggy：为什么部分公司发行可转债有网下渠道？是由公司决定还是由承销商决定？

@饕餮海：由公司决定。网下发行主要是为了确保可转债发行成功。

（13）@程_先生bdt：为什么最近新发行的可转债，网下申购的比例越来越低了？是否与目前可转债打新市场火热有关？发行方与承销商从哪些角度来决定发行方式？

@饕餮海：这是由发行环境决定的。作为发行方，首要目的是确保发行成功。其次是简单、成本低。而网下发行程序烦琐，需要大量的人工审核，劳神费力还容易落下把关不严的把柄。只要可转债依然供不应求，网下发行还会继续减少。

投资价值

（14）@xiaojiujiu：可转债是个完美的游戏吗？①公司融来了钱，有钱当然是好事。②交易所券商挣了手续费。③申购可转债的人大概率挣钱——即使破发短期浮亏，多数情况到期也能收回。④转股成功，持股股东股份虽然被稀释了，可是公司有钱了，不用还债了，可以投资更多业务，挣更多钱。貌似很完美，世界上真有这么好的事情吗？多方共赢，没有输家？我怎么隐约觉得有个“BUG”，在哪里没找到。

@饕餮海：可转债的确是多方共赢的投资品。相对来说，遭受损失的是持股未配债的股东，或者是转股价格下修时，持有正股的股东。因为他们的权益被摊薄了。

（15）@不明真木目白勺群众：一是谁在买可转债，主要是机构在买吗？二是可转债靠什么吸引投资者？靠分红，靠利息，靠转股？我以为，发行可转债主要目的是融资，跟股票类似，说明公司缺钱，就缺钱这一个原因，我想可转债的投资吸引力就要打折扣了。

@饕餮海：几乎所有的上市公司上市目的都是融资（贵州茅台除外），所以不能以融资与否判断一个公司的好坏。可转债的买入方包括机构、基金、低风险投资者、T+0投机者以及“不明真相的群众”。可转债吸引投资者的原因有很多，最主要的在于，如果拉长了时间看，长期持有可转债很难亏钱——高位接盘的除外。

配售

（16）@殿前督点检：请问交行可转债还会发行吗？如还发行，大概率会是什么时间，想提前埋伏买入正股等待是否可行？

@饕餮海：我来帮你捋一捋。

①2018年12月25日，中国证监会核准了交行可转债发行，有效期6个月；

②2019年3月，原本交行准备发行可转债，但临时因故未能发行，其原因和公司内部有关，具体原因不明；

③2019年4月29日，交行公告，公司内部延长可转债发行授权至2020年6月28日；

④2019年6月25日，证监会核准批文自动失效。

根据以上情况，我判断，公司还是想发行可转债的，但是短期看已经不会发行了。目前提前埋伏不可行。

（17）@岑夫子：请教一下：可转债对应正股的老股东配售比例怎么计算，比如平银转债是每股配售1.5142元可转债，这个比例怎么计算出来的？谢谢！

@饕餮海：可转债发行规模/总股本＝每股可配售金额。一般来说，只要不涉及H股和B股，总股本＝A股总股数。

（18）@上帝天堂：唐人转债今天[①]配售登记，大概多少股可以配售1签啊，求教怎么计算？

@饕餮海：按照发行公告，2019年12月27日收市按每股配售1.4997元可转债的比例，并按100元/张转换成张数，每1张为一个申购单位。那么认购每手可转债需要1000/1.4997≈666.8（股），也就是说买入700股可以成功配售一手唐人转债。

（19）@minitree：明天有东方财富可转债发行，不巧最近买了点正

① 指2019年12月27日。

股在融资账户，融资账户可以参加配售吗？

@饕餮海：信用账户也可以参与配售，具体方法和普通账户相同。

（20）@麦田稻草小麻雀：请教持有正股参加可转债配售，需要注意哪些事项？需要申购吗？具体流程是什么？

@饕餮海：参与配售时，系统会自动显示可配数量。配售时要注意：①配售代码与网上申购代码不同；②账户上要准备足够的资金；③要主动参与配售委托，不委托申报视为自动放弃；④参与配售后还可参与网上申购，互不影响。具体流程请阅读可转债发行公告。

（21）@欢乐调频：海哥，我用沪股通买的交行 A 股，可以参与配售可转债吗？

@饕餮海：不能。

（22）@林仲昱：最近鲁泰 A 发布公告，发行 A 股可转债获得批准。请问，按照规则，B 股股东有无配售权？

@饕餮海：B 股股东没有 A 股可转债的优先配售权。

（23）@旧欢如梦 2a2：请问在哪里可以看到大股东的参与可转债配售的情况？

@饕餮海：《可转债上市公告书》。

打新申购

账户

（24）@无为从心：请问目前个人参与深、沪可转债，分别可以用几个账户打新？谢谢！

@饕餮海：对于可转债打新，自 2019 年起，无论沪深，每个身份证仅能申购一次。

（25）@跛脚鱼：请教一下，同一 IP 地址和同一硬件（电脑或手机）申购可转债的账户过多（比如多于20个账号），是否存在法律风险，或被券商、证监会打电话要求停止操作他人账户的风险？谢谢！我有朋友多账户申购新股，被券商打电话要求停止操作他人账户了。

@饕餮海：2020年3月1日实施的新证券法明确规定，不允许借用他人账户炒股。最严重的后果是账户被禁，外加罚款50万元。因此建议不要违法违规操作。

（26）@我要赚大钱168：您认为哪个证券公司中签率高？我听说大证券公司中签率低，小公司高。根据您的经验，是这样吗？谢谢。

@饕餮海：中签率和券商完全无关。与其考虑这个，不如多花点时间考虑如何选择可转债，或者如何卖出个好价格。

申购

（27）@浮沉浪111：海大，可转债申购属于无风险套利吗？

@饕餮海：可转债申购从来都不属于无风险套利。

（28）@油菜花好吃：我有几个问题如下：①深市和沪市可转债，目前对单人多账户是只一个有效还是多个有效？②目前可转债打新对账户开户时间有限制吗？③放弃3次申购暂停打新功能。3次跟中签的数量无关吧？对同一人名下其他账户有影响吗？

@饕餮海：

①对同一个人来说，多账户打新是没有意义的。

②可转债打新对开户时间没有要求。

③弃购和中签品种有关，和单只可转债中签数量无关。同时，一旦进入黑名单，该身份证相关的所有账户半年内禁止申购新股和可转债。

（29）@淇淇加油啊：您好，我是刚刚开始关注可转债，想问一下只要有可转债就可以满额申购吗？是和打新股票一样，基本不亏吗？

@饕餮海：我觉得你的问题非常有代表性。安迪对瑞德说，“既然你已经走了这么远，为什么不走得更远一点呢”，那么我就再说远一点：

①居安思危是可转债投资者必要的素质。可转债的申购从来就不是“无脑”操作式的。这也是我对每一只可转债是否参与申购均要撰写分析文章的原因。

②信用申购以来，没有哪一年的可转债是没有破发的。

③可转债打新的收益更容易受大盘的影响。2018 年可转债打新总体是亏损的，而且数额还不小。

④目前可转债打新因为质地、预期和整体溢价较高等因素影响，整体来说，破发可能性小。

⑤可转债打新今后也一定会出现开盘破发的情况。

（30）@血夜星空：请问我可转债申购失败是怎么回事？

@饕餮海：一般来说，申购失败无非以下几个原因：①同一人名下多个账户重复申购；②无效的申购时间；③账户多次违约被列入黑名单。我根据你之前的贴图推断，①和②都不成立。从申购失败的可转债来看，全部是沪市可转债，因此可以判定，你是因为之前沪市可转债申购三次弃缴造成的。根据你咨询可转债的情况，我甚至可以推断你这个账户就是个空账户，根本没有配置沪市股票，否则你早就发现这个问题了。

（31）@爽歪歪哟哟哟：为什么代码 7 开头的所有可转债只能申购 1000 手呢？而其他的可以申购 10000 手？

@饕餮海：沪市可转债申购的单位是手，深市可转债的申购单位是张。1 手 =10 张 =1000 元。目前个人网上申购可转债上限是 100 万元，也就是沪市 1000 手或深市 1 万张。

配号及缴款

（32）@价值启航666：请教怎么根据配号判断是否中了可转债呢？就用深南转债为例，我的配号尾号是891977开头。

@饕餮海：你的配号尾号是891977，那么顺延1000个号，也就是到892976结束，配号范围891977～892976。深南转债中签号是：6256、0256、2256、4256、8256、2748、07415、32415、57415、82415。二者对比，发现中签号2256、2748均在你的配号范围。结论：该账户深南转债中两签。真香！

（33）@格道：希望转债和百川转债各中1000元，我把这个月捡饮料瓶子卖的1400元存进了账户！那么问题来了：分配的时候为什么先分1000元给百川，而不是先给希望？我这个会领到黄牌吗？

@饕餮海：这个问题很好。记住我自创的缴款口诀：先股后债，先少后多，先大后小。先股后债：新股中签缴款优先于所有的可转债；先少后多：同一品种（比如都是可转债），中一签的优先于中两签的；先大后小：同一缴款金额下，申购代码大的优先于代码小的。你中签的属于同一种类，同一金额，按照第三原则，百川转债的申购代码是072455，优先于希望转债的070876。黄牌无疑，好自为之。

（34）@pajyyy：海哥，我中了深南转债，中签10张，成功缴款9张，弃购1张是什么意思？

@饕餮海：说明你当时账户余额不足，导致部分缴款，造成违约，记黄牌一次。接下来，你的账户里剩9张可转债，并不影响上市交易。相比受到的损失，思考如何吸取教训，其意义更加重要。我一般都是当晚核实中签情况，次日开盘后及时完成缴款，最后再核实账户可用资金为正数。通过这三次把关，确保不会造成违约的情况。

中签率

（35）@维维安syl：请问顺丰转债网下打新的中签率怎么测算？可否告知一下计算公式？谢谢。

@饕餮海：可转债中签率（网下）=［发行数量－原股东认购数量（预估）］÷［网上申购户数×100＋网下等额顶格申购户数（预估）×网下顶格金额（亿元）］×100%。

（36）@fake_ 3：请问海大，如果持有个股的话，申购可转债中签概率会不会高一点？我记得之前好像是持有个股的话，是会优先中签的。

@饕餮海：持有一定股份的原股东参与优先配售，中签率为100%；但是参与网上申购，中签率不会有任何优势。

（37）@eric2010：请问，唐人转债公告的中签率为0.04%，即1万张中签4张。申购时，顶格为1万张，是不是理论上必中4张？但是因为中签最少是一手10张，所以在默认大家都顶格申购的情况下，依然会有人不中，我的理解对吗？

@饕餮海：你的理解不太对。顺便解释一下为什么很多申购者觉得自己总低于平均中签率的情况。举个例子：中签率0.06%，表示平均每10个账户会中6签。注意，这并不表示10个账户有6个账户会中。假设开出来的中签号分别是0001、2001、4001、6001、8001和0002。那么几乎可以判定某些账户中2签的概率极大。结果是每10个账户有5个账户中签，中签数是6签。这一情况在深南转债上体现得淋漓尽致，不少账户出现了中3签的情况，也有很多账户颗粒无收。

上市时间

（38）@洞三寿：请教个小问题，沪市和深市的可转债从缴款到上市，一般要几天？

@饕餮海：一般来说，沪市3周左右，快的话有2周就上市的；深市慢点，3~4周。

打新卖出策略及收益

（39）@股海蓝石头：可转债该什么时候卖，你能谈谈吗？

@饕餮海：研究一个企业都不容易，况且是几百个。每个可转债背后对应的企业我也只能走马观花大致看一下。因此，绝大多数可转债涨不涨，怎么涨，我都是模糊的、不清楚的。我只知道，绝大多数可转债会在存续期内强赎。而凭自己的主观判断，对可转债动态调仓的，最后往往陷入集中持仓或卖飞的境况。同时，卖不卖受持有人风险偏好、心理素质、资金情况等多种因素影响，几乎没有一个普适性的规则。对于不急于周转的资金，我个人觉得采用“摊大饼”策略，强赎时卖出可能是最省心的一个选择。而强调周转的资金，还是开盘就卖这样效率最高。不过目前来看，上市首日的价格一般来说偏低一些。

（40）@716雪豹：近期中签可转债，上市首日卖出与短期（15个交易日内）持有后卖出，有什么区别，孰优？谢谢海哥！

@饕餮海：这种统计没有意义。因为这种可转债价格波动体现的是短期大盘波动。正如近来后悔卖掉常汽转债而捶胸顿足的人，那最初买入正股岂不是赚得更多！那当初为什么不满仓加杠杆买入正股呢？打新就打新，博弈就博弈，别把两者混为一谈。

（41）@小熊同学的爱投资：海哥，我翻了一下自己中签的当天上市当天卖出的可转债，吓了一跳！绝大多数卖出后的可转债涨幅真的是喜人，比如，顺丰转债、海亮转债……我在想，是不是自己哪里错了。应该再捂一段时间交易?！针对可转债，哪些能过一段时间交易，哪些当天卖就可以呢？

@饕餮海：可转债采用不同的策略，就有不同的卖出方式。账户里只有8000元钱，想一直拿着可转债，哪来的钱后续缴款呢？不懂可转债的投资者，浦发转债别说拿在手里一周不涨，就是拿一小时不涨，估计大部分人心里已经慌了。不懂可转债的人将其捂在手里，又能捂到多少？110元、120元、130元还是180元？捂只是外在表现，不具备资金、心态和知识，谁又能轻易捂得住？

（42）@第一个我：我发现一个问题，好像多数可转债都没必要上市就卖，耐心持有一段时间的话，收益会更高，对吗？

@饕餮海：上市就卖，有卖飞的可能；耐心持有，有套牢的可能；长期持有，绝大多数必然强赎，但时间不确定。

（43）@价投追随者：海哥好，我是可转债新人。请问可转债一上市就卖吗？我对它没什么深入研究，中签的都是上市当天就卖了，什么情况下你会持有时间比较久呢？谢谢！

@饕餮海：申购+上市首日卖出，这算是低风险套利；持有卖出，靠的是眼光和对手间的博弈。你觉得自己比别人研究得更深入，能拿的时间更久，心态更稳定，当然可以选择后者。如果不是，那么还是选择前者好了。

（44）@牧养人：你好，请教您一个问题，倘若进行可转债交易就一种形式，“无脑”全部申购，开盘就卖，一年大概能获利多少元？比如过去的2018年或2019年，谢谢。另外，这样操作的话，一个账户大概要成本多少元？

@饕餮海：按发行时间算（例如，2017年末发行，2018年初上市，则计算到2017年度）：2017年，盈利1781.87元；2018年，亏损1461.81元；2019年，盈利5891.37元。2019年大致需要准备1万元就可以保证资金顺利周转。

交易

交易规则

（45）@天生不是情人：请教个“小白”问题，可转债集合竞价如何挂单卖出？何时挂？挂什么价格？

@饕餮海：集合竞价的规则是：

①9:15:00—9:19:59的委托是可以撤销的；9:20:00—9:25:00的委托是不能撤销的。

②申报按照价格优先、时间优先的原则排序成交。成交时买卖双方中有一方申报必须全部成交。

③由于价格优于时间，因此想卖出的，需要挂低价以确保卖出。此时成交价就是开盘价，而不是你的委托价。之前我说过，想卖出可转债的，直接挂100元卖出，就是这个意思。比如我9：24委托以100元的价格卖出，你9：21委托以106元的价格卖出，集合竞价结果是106元成交，那么有可能我的可转债以106元卖掉了，而你的委托却没有成交。

（46）@1amfine：第一次请教海哥，可转债开盘价是120元都要临时停盘吗？那为什么有的开盘价超出120元呢？如果想集合竞价买到，对于预测开盘会临停的，要挂多少能买到呢？

@饕餮海：沪市可转债上市首日开盘价在70～150元都是可以的。按照最新的规定，沪深两市的可转债当日涨跌幅较前收盘价达到20%就要临时停牌。如果不惜一切代价确保上市首日集合竞价买到，沪市最高可以挂150元，深市最高可以挂130元。

（47）@我走你断后：海哥，如果竞价的时候，有人挂涨停价买，另外一个人挂跌停卖，最后成交价会是什么样呢？

@饕餮海：最后成交价将满足三个要求：①成交量最大；②高于成交价的买入申报和低于成交价的卖出申报全部成交；③与成交价相同的买卖双方中有一方申报全部成交。

（48）@知远由近：海大，如果我挂100元卖出和而转债，最后和而转债集合竞价高于100元，我是以哪个价格成交？

@饕餮海：参与集合竞价，凡是委托卖出价低于开盘价的，实际成交价均以开盘价为准。

（49）@贝贝妈妈frj：我追高买的康隆转债，成本290元，现在跌得有点惨。请问：我是继续持有等待，还是立刻离场？

@饕餮海：目前可转债市场的“妖债”主要有“八大金刚”：横河、盛路、蓝盾、康隆、广电、联泰、天康、溢利。它们的共同特征是：“双低”——低转股价值，低剩余份额 。低转股价值意味着不用担心强赎，低剩余份额意味着操纵的成本更低、难度更小、进出更方便。它们走势独立，可以完全不理睬正股。

段永平说过这么一句话，“知道做错了马上改，不管多大的代价，到最后往往是最小的代价”——我深以为然。

市场定价及交易策略

市场定价机制

（50）@普华利策：海哥，新转债的溢价率根据什么来预估？新转债在等待上市期间，股价上升或者下跌，可转债会不会维持原来预估的溢价率？

@饕餮海：新发行可转债溢价率要参考同行业、同评级的可转债，并根据企业本身质地、大盘情况、发行条款、控股股东认购情况、是否有网下申购等因素综合考虑。正股价格变化会影响可转债的溢价率。

（51）@破冰123：对于不同可转债，您给出的溢价都不一样。请问导致不同溢价率的主要因素有哪些？

@饕餮海：所处行业、转股价值、正股质地、转债条款、信用评级、有无网下申购，等等。

（52）@三千大道：我想问一下可转债什么情况下显示债性，比如璞泰转债。

@饕餮海：可转债一直有债性，只是强弱不同而已。我认为债性可以由年化到期收益率（YTM）的高低来衡量。对于同一只可转债，一般来说，其价格越低，债性越强。

（53）@三千大道：谢谢！那么股性与债性发生转换的临界点通常会在什么情况或价位出现呢？

@饕餮海：我个人的理解，可转债的股性由溢价率决定，债性由YTM决定。

我把股性作为X轴，债性为Y轴，建立坐标系，将可转债的类型分为四个象限：①弱股性，强债性；②强股性，弱债性；③强股性，强债性；④弱股性，弱债性。其中，强股性、强债性这个象限很难出现，但不是没出现过，一旦出现必是良机，例如刚开始上市时，破发又折价的盛路转债。弱股性、弱债性则是以高价格高溢价的可转债为主。但这并不意味着这类可转债质地差，相反，这类可转债强赎的确定性可能非常高。

股性和债性的转换是渐进的，并没有一个明确的临界点。

（54）@无水乙醇zz：关于可转债有两个问题想请教。①银行股股价低于净资产是长期趋势，可转债转股价格又没法低于净资产价格，到期后只能赎回，为什么市场上可转债还往往溢价呢？②不同信用评级对可转债影响有多大？

@饕餮海：

①可转债相当于债券 + 看多期权，溢价是正常的。通过正股上涨，银行类可转债也可以达到转股，而不是赎回。一般来说 6 年内转股，可能性极大。

②信用评级影响还是蛮大的。有些资金规模大、成本极低，但是安全性要求极高，只能赚不能赔。因此信用评级 AAA 的、规模数百亿元的、高票息的银行类可转债是他们的首选。

（55）@月季花：我不是太懂可转债，既然有强赎，为什么有的可转债还能涨到 160 ~ 170 元呢？这个计算是怎么做的？谢谢。

@饕餮海：关于为什么可转债可以涨到 160 元的问题，我的理解如下：

①可转债还没进入转股期。此时可转债涨到“天上”都不会触发强赎。

②可转债进入转股期，但不符合强赎条件。这里说的条件主要是指时间，一般来说是指连续 30 个交易日中至少有 15 个交易日的转股价值不低于 130 元。比如，从转股价值 129 元的那天开始，哪怕正股连续 14 个涨停，也是不符合强赎条件的。

③符合条件但公司放弃强赎的。

④重大利好消息刺激的。正股可能刚出现第 1 个涨停，可转债当天可能已经涨了 60%。

（56）@伟 liwei：海大，游族转债中签率这么高，是不是意味着收益不行？

@饕餮海：对于可转债的定价，其决定性因素还是可转债对应正股的质地、转股价值。中签率过高对上市前几天的交易有短期影响，但这种负面影响是短期的。当年的尚荣、万信转债都是中签率很高，打新收益也很高的例子。

低价“摊大饼”

（57）@一起抄作业：海大，能否分享一下您“摊大饼”选债的标准？

@饕餮海：这个太简单了。建议仔细分析并推演雪球“球友”@千金之子2019年总结的持仓以及历史操作，我觉得非常有价值。你可以从中总结出“摊大饼”的标准。

@千金之子：多谢海兄。对转债投资，虽然我有一定的历史经验，但现在也是摸索着前行，毕竟现在的转债市场和以前已经不太一样了。“摊大饼”就是分散投资的一种说法，我认为任何投资品种都要分散，即使转债已经在规则设计上和标的选择上够安全了，但还是要分散。分散的好处是可以轮动，不怕“黑天鹅”，晚上睡得香。如果我的持仓中有一两只转债出现兑付问题，我不会很担心，因为我的“大饼”缺了一两块还是很香，我还是能吃饱，不会饿着。分散投资的方法，就是在价格较低时分散买入；130元以上，或者强赎前，逐步卖出。之后，再买入其他较为低估的转债。

一定要有耐心，不要急于一时，也不要被市场环境干扰影响。

（58）@蓝血断情：请问海大，目前上市的可转债中价格低于100元的，有买入套利的价值吗？

@饕餮海：首先需要纠正你的提法，即使有买入价值，也并非买入套利。其次，某只可转债价格一度低于100元或靠近100元，很多可能是陷阱，也可能是机会。我记得曾经较长时间待在100元以下或左右的可转债（可交债）有G三峡EB1、招路、雅化、文灿、远东、英联、永鼎、万里、游族、创维、亨通、蓝思……至于目前低价可转债中存在的机会，需要自己去慢慢找。否则，即使别人告诉你了，你也拿不住的。

（59）@春日之阳：您好，问下可转债在不考虑利息损失的情况下，100 元以下买入，一直持有，本金应该是没有什么损失风险的吧？

@饕餮海：可转债作为债券，理论上有到期后本金无法偿付的风险。虽然目前可转债没有出现过，但不能说风险就不存在。

（60）@财务那个独立：我看过几篇文章，大体的意思是，过去发行的已经到期赎回的可转债约 180 只，除了少数几只，其他的基本都涨到 130 元，从发行到赎回 1 至 3 年，平均年化收益率大于 12%。请问你是如何看待这个统计信息的？如果采取买入 20 只小于 98 元（或者保守一些，95 元以下）的可转债，长期持有涨到 130 元就卖出，你觉得这个方法可行吗？

@饕餮海：我觉得你说的情况符合我的认知。如果你全部买入低价可转债“摊大饼”，最可能出现的结果是：大部分强赎，但到期还本付息的肯定要远远高于可转债整体的均值。最后的结果不见得是最优的。

（61）@B 夫人：看了老哥很多帖子，最近对可转债比较有兴趣，手上有一笔闲钱，打算投资可转债，准备看哪只可转债跌到 90 元以下就买哪个。理论上就如你说的：①赚钱就卖掉；②等到 130 元卖出。也不做那些套利、转股之类的。这样操作有什么需要注意的吗？或者说有哪些风险？

@饕餮海：您所讲的方法存在如下三种风险。①可转债无法跌到预期价格，从而无法建仓的风险；②债券无法兑付的风险；③正股面临退市的风险。

下修博弈

（62）@耐心就是财富：我有个关于可转债的问题请教。永鼎转债 12 月 18 号公告要下修转股价格，这应该解读为利好转债，但是上次洪涛转债坑了很多人，所以这次我也是比较谨慎，现在还没买永鼎转债。看着可转债价格从100.2元涨到了102元，但是我认为如果真能下修到底的话，转债价格上涨到110元以上应该毫无问题。毕竟股票在底部，上升趋势也出现了，5G概念也是明年一个非常重要的板块，下修过后溢价变折价也是大概率事件。不买股票买债券就是为了避免风险，宁愿少赚也不愿多亏。所以我想请海哥帮忙分析一下，这个公司可转债是否可以买，有潜在地雷吗？谢谢！

@饕餮海：我们来理一下思路：

①永鼎股份2019年4月发行，10月22日进入转股期，转股价格6.35元/股，正股现价4.98元，目前转股价值78.43元。前期正股最低价3.53元，转股价值55.59元。

②近年来永鼎股份一直亏损，三季报显示扣非净利润约为-764万元，公司转股意愿强烈。

③从11月下旬开始，大股东开始减持可转债，至12月11日，全部减持完毕，其原因只有一个，必须在12月18日临时股东大会获得投票权，以保证下修议案通过。因此下修议案通过几乎是肯定的。

④但是，由于“修正后的转股价格应不低于该次股东大会召开日前20个交易日公司股票交易均价和前一交易日均价之间的较高者”，因此近期正股大幅上涨并不利于可转债持有人。相反，大家希望大会前正股跌得越多越好。

⑤目前看，下修到底价格是4.93元/股左右，转股价值约100元。如果下修到底，目前的102.22元肯定是明显低估了。但大家害怕的是洪涛转债象征性下修的前车之鉴。所以，最后问题演变为：永鼎转债是否会下修到底？如果不下修到底，会下修到多少？这个答案只有通过自己思考来得出。

折价套利

（63）@不炒股只投资：请教海哥，像冰轮环境（SZ000811）和佳都科技（SH600728）这样可以融券的标的，为何没有人买入可转债进行套利？是因为融不到券吗？

@饕餮海：一是几乎融不到券；二是没到转股期，无法即时兑现。

抢权配售

（64）@伊利冰淇淋：我买正股，然后配债券，然后第二天卖正股。是不是可以套利？可以给我讲讲吗？

@饕餮海：这不叫套利，这叫事件驱动型投机。

策略分析示例

（65）@新黄冠：海大，向您请教，如何看待可转债的“好股烂债”现象？在确保不退市的情况下，二级市场可转债的选择，主要从所谓的“烂股”里面找，这种策略行不行？

@饕餮海：

①我从来都不认为可转债有“好股烂债”的现象。在我看来，好的股票就是业绩持续良好而且能持续上涨的股票。对应的可转债会烂吗？

②“烂股好债”的情况当然存在，类似于垃圾里翻金子。由于可转债下修、回售等保护机制存在，一只股票跌了60%，这时可转债下修，正股再反弹50%，股价只有最初的60%，但可转债成功强赎“上岸”了。这种策略可行，我个人却不大喜欢。这不应该是投资可转债的主流方法。

③股票的好坏需要靠持续的业绩去证明，不是靠概念，也不是靠评级。可转债信用评级只是对还款信用的评价级别，不是判别可转债好坏的证明。目前可转债定价最大的扭曲就在这里。

（66）@frankyoung：海哥好，本人重仓持有浦发银行，周一会全额参加配债，结合浦发银行的质地和其他几只银行的可转债，有些问题想请教。这次配债想一直持有到130元，直到可转债强赎，乐观些2年，年化收益率12%多；悲观些3年，年化收益率9%以上。收益大幅跑赢理财产品。这种低风险的投资逻辑是否成立呢？海哥觉得这个方式最大的风险在哪里？谢谢。

@饕餮海：2013年的时候，中国银行、工商银行的可转债历时4年，还在面值附近晃荡。为什么呢？因为没有强赎预期，只能按照债券的收益率来计算。你的逻辑最大的问题在于已经认定浦发转债能强赎，既然如此，那为什么不放弃可转债，持有正股呢？

（67）@洞三寿：海哥，请教一下，格力转债还有2个多月到期，现价110.61元，到130元有19.39元价差，按以前的经验，公司都是不想还钱的，强赎回报丰厚。我是不是有什么盲点？

@饕餮海：为什么一定要强赎？摆在格力转债面前有三条路：第一条是公司股价涨到6.50元以上，触发强赎；第二条是公司股价在5.30元以下，到期公司以106元赎回，还本付息；第三条是公司股价在5.30元以上，那么转股价值高于106元，可转债持有人选择赎回则亏损，于是只能转股减少损失。第一条路，是散户的白日梦，第二条是公司的噩梦，而第三条可能性最大。现在你还会110元去博强赎吗？

（68）@天生不是情人：海哥，明天[1]平银转债上市，如果在您预估价格范围，是否有必要卖出换成平安银行持有？我的理解是打新平银转债赚钱是超大概率事件（所以必须打新），但鉴于平银转债的溢价率

① 指2019年2月18日。

和平安银行的基本面，似乎持有平安银行更合理，请指正！

@饕餮海：如果你确信可转债必定会强赎，而且能够坚持到强赎的那一天，那么平银转债不如正股。不过，风险偏好不同，自身情况不同，能力范围不同，做的决策也不同。

（69）@某不知名书店店长：海哥你好，刚把《可转债投资魔法书》看完，有些问题想请教。

①100 元以下买入的可转债，最差的情况就是到期拿低息对吧？一定是保本的。那么现在，亚药、维格、众兴、亚太等几只低于 100 元的可转债，我是不是可以“摊大饼”建个组合呢？坐等它们涨到 130 元附近。

②假设转股价格为 30 元/股的一张可转债，可以转换为 3.33 股，那后面不足一股的小数点部分，是会被直接抹掉吗？还是四舍五入？

③转股价格是可以下修的。上调呢，能不能？

④模塑科技为什么现在还不发强赎公告，不是越早赎回，对上市公司越有利吗？

⑤债转股，相当于股本变多了，可以这么理解吗？那么这对上市公司，对投资者，会有什么影响，对谁更不利？

@饕餮海：

①亚药、维格转债具有违约的风险，所以不能说一定是保本的。

②转股时不足一股的，不采用四舍五入，一律折算为现金。

③转股价格可以上调。

④模塑转债强赎天数计数未符合要求。

⑤原股东权益摊薄。

幽默问答

（70）@杯子猫：随着今天[①]以112元的价格把两签唐人转债卖掉，通过投资可转债大约赚了3000元。本来是出于“打酱油”的心理，就体验一下中签的快感，想起来就打，忘了就算了。没想到还搞了一小笔收益。用赚的钱给老妈买了羽绒服和蜂蜜，说是对象买的，老妈很高兴。然后对象来家里后，老妈给我对象2000元红包。我对象也很高兴，又把2000元红包给我了。我也很高兴，然后打算过年带她出去玩。说了这么多，就是想把快乐分享一下。作为一个在读“土”博士，没啥钱，但是今年过年过得很开心，感谢海大的无私分享。

@饕餮海：我们都替你感到高兴。我发现你除了会读书，会打新，还会哄人。第三点比前两点更难。

（71）@股市打酱油：振德转债（SH113555）成本141多元，能回本吗？

@饕餮海：我觉得我们猜明天大盘开盘点位的尾数是单数还是双数，可能更靠谱一点。

（72）@水无念：“菜鸟”问一下，大家都在上市第一天卖出可转债，是谁在买呢？他不怕亏钱吗？

@饕餮海：这是两拨人擦肩而过相互道别的过程。说不定买的人也在想：上市第一天买可转债，明明是赚钱的生意，会是谁在卖呢？他不怕赚少了吗？

（73）@涓子elq：我想问一下，如果不知道中签号码，影响上市后的卖出吗？

① 指2020年1月22日。

@饕餮海：我也有个问题想请教您：如果在外面吃饭的时候不知道大厨的名字，会影响食物的消化吗？

（74）@杯子猫：海哥，按你今天的预测，日月转债 126 元卖了，美滋滋地嗑瓜子，忽然发现 129 元了，瓜子突然就不香了。

@饕餮海：当可转债卖飞时，可转债的价格与多巴胺分泌呈负相关；当成功高抛时，可转债的价格与多巴胺分泌也呈负相关。

（75）@XQ 大白：至纯转债上市，又“撸了份西餐”，“加送甜点”。还缺个“妹子”，咋办？

@饕餮海：这个嘛，只能让你爹妈再生一个了……

（76）@老方丈大人 ：海兄，民生银行要发可转债了，是否值得抢权，明天刚好有一笔资金到账。

@饕餮海：汗，女方父母刚同意交往，你已经想喝满月酒了。[①]

（77）@此城已空故人未留：转债物价局局长非海大莫属了。

@饕餮海：转债……物价局……局长……

（78）@大音如霜：海哥，问个哲学问题，2019 年申购的可转债，2020 年上市，收益算哪一年？这个问题困扰了我很久，夜不能寐。

@饕餮海：我也常常夜不能寐。我经常在夜深人静的时候想，2019 年怀的孩子，2020 年出生，她的生命到底从哪一年开始算？这也就是著名的罗诉韦德案。

（79）@就像在寻找什么：想问一下，我中签的国轩转债和新北转债，大约什么时间可以上市卖出呢？过年之前能卖出去吗？我是借的 2000 元，想还给人家。马上要过年了，人家可能也要用钱。我估计赚个 200 元也想邀请人家吃个饭，哈哈。关键：是个我喜欢的女生。

① 估计民生银行发行可转债至少还得半年。

@饕餮海：没赚钱也可以先请人家吃个饭呀。年后赚钱了，再吃一次，多好。说不定一来二去，资产合并，钱都不用还了。

（80）@胜败之外：海兄你好，请问为什么年底可转债的发行量会比较大呢？

@饕餮海：请问，为什么开学前，很多学生都要赶作业呢？

（81）@列夫－朗道：请问海哥，打新债有没有时间上的技巧？

@饕餮海：有技巧。最好不要在9：30以前和15：00以后申购。

（82）@摇摆的小钟：绝味转债看不明白，正股价格远超转股价格30%，可发行半年就强赎，公司发行筹资，马上又花出去了，对公司有什么好处？多谢。

@饕餮海：哪里花钱了？我看到的是债主们缴的是真金白银，领回去的是酬宾优惠价的鸭脖。一别两宽，各生欢喜，这样挺好的。

（83）@长线是金之流浪地球：浦发转债有希望上130元吗？一年内。

@饕餮海：虽然现实很骨感，但你的理想很丰满。

（84）@蜗牛看天下：作为一名“菜鸟”，想请教提高中签率的方法。

@饕餮海：中签率是没法提高的，只能通过其他方法提高中签数。比如：……

@杰可森：扶老奶奶过马路。

（85）@马丁ai小帅：请教一下，可转债溢价率怎么理解？有些可转债都是负溢价，有的可转债则是正30%？哪一种更好一些？

@饕餮海：身高1.7米的女孩和1.6米的女孩，肯定是前者更吸引人一点。可是找老婆总不能只看身高吧？

（86）@花菇不是菇：第一次中签可转债，什么时候卖比较好？上市首日开盘卖，还是收盘卖啊？

@饕餮海：开盘吧，这样你会少受5个小时折磨。

（87）@爱眉小札：海哥，中了两签苏银转债，是不是够买一顿盒饭了？

@饕餮海：那要看你盒饭里配的是青菜还是龙虾……

（88）@哈哈卷儿：海哥，我是打新新手，想请教一下可转债卖出是怎么操作的？可以偷偷告诉我如何操作吗？压根不知道那个限价委托是个什么玩意儿，我该怎么填？

@饕餮海：汗，销户吧。

@阳光价投：然后他去把户口销了……

@千里东阳：小心接下来问，海哥，怎么销户？

@拨开云雾见青天：小心接下来问，海哥，户已经按您的意思销了，接下来还要怎么操作？

附录

1. 可转债大事记

（1）1991 年 8 月，非上市公司琼能源为解决企业的融资问题，首次采用可转债方式发行新股。

（2）1992 年 11 月 19 日，深宝安 A 在 A 股市场发行可转债，宝安转债（125009）成为第一只上市公司发行的可转债。宝安转债发行总规模 5 亿元，每张面值 5000 元，初始转股价格 25 元/股，存续期限 3 年，票面利率 3%。但由于转债条款设计存在重大缺陷，1994 年和 1995 年深宝安 A 两次送股但不调整转股价格，导致深宝安 A 股价长期大幅低于转股价格，最终以转股失败，到期赎回，黯然收场。

（3）1993 年 11 月，中纺机发行 3500 万瑞士法郎的 B 股可转债，转股失败，回售时承受较大外汇损失。

（4）1996 年 12 月，镇海炼化发行了 2 亿美元的 H 股可转债，是第一只由 H 股上市公司发行的可转债。

（5）1997 年 3 月 25 日，国务院证券委员会颁布《可转换公司债券管理暂行办法》。这是我国 A 股市场第一个关于可转债的规范性文件。

（6）1998 年 8 月，南宁化工发行 1.5 亿元南化转债，东方丝绸发行 2 亿元丝绸转债。由于南化转债、丝绸转债转股价格按照拟上市公司的发行价确定，两只可转债随即成为拟上市公司影子股，完全脱离债性，遭到爆炒。最终南化转债、丝绸转债在对应正股上市一个月后即顺利完成转股，修成正果。

（7）1999 年 7 月，茂名石化发行 15 亿元茂炼转债。其后，茂名石化因为种种原因停止 IPO，茂炼转债回售退市引发维权风波。这一结果直接导致非上市公司可转债在 A 股发行上市之路就此终结。

（8）2000 年，上海机场发行机场转债，其面值 100 元，上市当天开盘价为 1.88 元，最低价 1.20 元，收盘价 101.58 元。虽然闹出了开盘价的大乌龙，但是机场转债作为 A 股历史上第一只真正意义上发行条款成熟的可转债被载入了史册。机场转债的条款包括了转股价格向下修正条款、有条件赎回条款、回售条款等，这为后续上市公司发行可转债提供了参考的蓝本。同时开盘价的大幅偏离促使交易所对债券交易的价格偏离度着手制定规则。沪市可转债上市首日开盘价不得低于 70 元的规定即来源于此。

（9）2001 年 4 月，证监会连续颁布《上市公司发行可转换公司债券实施办法》和《关于做好上市公司可转换公司债券发行工作的通知》。至此，国内可转债市场监管政策初具雏形。

（10）2006 年，证监会颁布《上市公司证券发行管理办法》，A 股可转债发行进入成熟阶段。同时，该办法首次将分离交易可转债列为上市公司再融资品种，权证横空出世。但由于权证过度炒作，加上创设制度存在重大缺陷，导致其于 2010 年彻底退出市场。

（11）2014 年 2 月 27 日，民生转债转股价格下修议案在股东大会上被否，成为中小股东首次成功否决可转债下修的典型案例。

（12）2017年2月15—17日，证监会发布《关于修改〈上市公司非公开发行股票实施细则〉的决定》和《发行监管问答——关于引导规范上市公司融资行为的监管要求》。“再融资新规”提出了严格限制定向增发，大力发展可转债，抑制上市公司过度融资行为的指导意见，正式吹响了可转债大扩容的冲锋号。

（13）2017年9月8日，证监会发布《关于修改〈证券发行与承销管理办法〉的决定》。针对可转债申购时资金占用过大，造成市场不稳定的情况[①]，可转债网上申购模式由资金申购改为信用申购。

（14）2017年9月25日，雨虹转债成为第一只采取信用申购方式发行的可转债。

（15）2020年4月30日，可转债市场总规模达3936.61亿元，交易数量239只，平均交易价格129.42元，平均溢价率39.56%，新发行可转债网上申购达616.92万户。

（16）2021年1月31日，证监会颁布的《可转换公司债券管理办法》正式实施。

① 彼时市场谚语“下折必反弹，配债定崩盘”的说法由此而来。

2. 2017 年可转债发行和申购数据

序号	发行时间	名称	代码	评级	规模（亿元）	申购户数①（万）	单户中签数（个）	单签收益②（元）	单户收益（元）
1	2017－9－25	雨虹转债	128016	AA＋	18.40	202.36	0.13	218.00	28.75
2	2017－10－27	林洋转债	113014	AA	30.00	438.59	0.15	201.00	29.61
3	2017－11－1	金禾转债	128017	AA	6.00	515.62	0.01	186.60	2.38
4	2017－11－2	隆基转债	113015	AA＋	28.00	495.38	0.09	235.00	21.35
5	2017－11－6	时达转债	113016	AA	15.00	550.55	0.03	230.00	6.70
6	2017－11－6	小康转债	128018	AA	8.80	566.46	0.04	5.00	0.20
7	2017－11－8	久立转 2	128019	AA	10.40	569.15	0.05	27.70	1.41
8	2017－11－10	嘉澳转债	113502	AA－	1.85	545.94	0.01	188.80	2.59
9	2017－11－13	济川转债	110038	AA	8.40	618.16	0.12	46.00	5.32
10	2017－11－17	水晶转债	110039	AA＋	16.00	640.52	0.08	－28.50	－2.25
11	2017－11－17	宝信转债	128020	AA	11.80	679.00	0.04	1.00	0.04
12	2017－11－24	国祯转债	110040	AA＋	18.00	604.17	0.06	－34.80	－1.97
13	2017－11－24	生益转债	123002	AA	5.97	535.98	0.04	160.00	6.22
14	2017－11－28	兄弟转债	128021	AA	7.00	598.76	0.01	－0.01	0.00
15	2017－12－1	众信转债	128022	AA	7.00	430.97	0.03	0.20	0.01
16	2017－12－4	亚太转债	128023	AA	10.00	281.35	0.25	－22.00	－5.40
17	2017－12－5	宁行转债	128024	AAA	100.00	200.07	1.04	115.00	120.09
18	2017－12－6	特一转债	128025	AA－	3.54	169.39	0.05	－20.00	－1.08
19	2017－12－8	蓝思转债	123003	AA＋	48.00	125.60	3.30	－49.90	－164.87
20	2017－12－13	众兴转债	128026	AA－	9.20	83.60	0.56	2.50	1.41
21	2017－12－15	泰晶转债	113503	AA	2.15	68.59	0.09	80.00	7.48
22	2017－12－15	崇达转债	128027	AA	8.00	74.28	0.19	70.00	13.08
23	2017－12－18	铁汉转债	123004	AA	11.00	62.74	0.59	70.00	41.60
24	2017－12－19	万信转债	123005	AA	9.00	59.05	0.81	150.00	120.98
25	2017－12－20	东财转债	123006	AA	46.50	62.60	4.04	250.00	1009.03
26	2017－12－21	赣锋转债	128028	AA	9.28	70.38	0.61	0.00	0.00
27	2017－12－22	太阳转债	110041	AAA	18.75	64.19	2.67	40.20	107.17

续表

序号	发行时间	名称	代码	评级	规模（亿元）	申购户数①（万）	单户中签数（个）	单签收益②（元）	单户收益（元）
28	2017－12－22	天康转债	128029	AA＋	12.00	73.64	0.43	130.00	56.00
29	2017－12－22	蒙电转债	128030	AA	10.00	68.44	0.62	81.00	50.07
30	2017－12－25	航电转债	110042	AAA	24.00	60.74	1.97	30.00	59.05
31	2017－12－25	双环转债	128032	AA	10.00	61.01	0.82	35.10	28.94
32	2017－12－27	迪龙转债	113017	AA＋	15.60	37.56	4.00	24.00	95.89
33	2017－12－27	吉视转债	128033	AA	5.20	40.25	0.39	33.00	12.77
34	2017－12－28	道氏转债	123007	AA－	4.80	23.90	0.72	180.00	129.29
合计							24.05		1781.87

①按等效满额申购折算申购户数。

②按开盘价计算。

3. 2018 年可转债发行和申购数据

序号	发行时间	名称	代码	评级	规模（亿元）	申购户数[①]（万）	单户中签数（个）	单签收益[②]（元）	单户收益（元）
1	2018－1－19	常熟转债	113018	AA＋	30.00	88.20	1.92	60.00	115.41
2	2018－1－26	江银转债	128034	AA＋	20.00	90.72	1.39	－10.10	－14.03
3	2018－1－30	无锡转债	110043	AA＋	30.00	100.28	1.88	－1.20	－2.26
4	2018－2－1	康泰转债	123008	AA－	3.56	47.93	0.26	201.20	51.98
5	2018－2－6	大族转债	128035	AA＋	23.00	57.65	1.96	120.00	234.99
6	2018－3－1	玲珑转债	113019	AA＋	20.00	57.50	2.12	32.00	67.78
7	2018－3－2	艾华转债	113504	AA	6.91	55.40	0.22	80.00	17.49
8	2018－3－6	杭电转债	113505	AA	7.80	73.59	0.84	5.00	4.22
9	2018－3－7	星源转债	123009	AA	4.80	62.90	0.41	220.00	89.98
10	2018－3－9	金农转债	128036	AA－	6.50	76.63	0.50	10.00	4.97
11	2018－3－12	长证转债	127005	AAA	50.00	84.39	1.24	80.00	99.19
12	2018－3－13	敖东转债	127006	AA＋	24.13	95.73	1.24	50.00	61.88
13	2018－3－15	岩土转债	128037	AA	6.04	58.02	0.90	－35.00	－31.55
14	2018－3－22	利欧转债	128038	AA	21.98	59.80	2.70	－10.00	－27.02
15	2018－4－16	鼎信转债	113506	AA	6.00	73.52	0.72	89.00	64.12
16	2018－4－17	天马转债	113507	AA－	3.05	69.45	0.30	－30.00	－8.92
17	2018－4－26	新凤转债	113508	AA	21.53	58.10	2.34	0.00	0.00
18	2018－6－4	新泉转债	113509	AA	4.50	41.80	0.31	－33.50	－10.26
19	2018－6－8	三力转债	128039	AA－	6.20	28.86	1.33	－85.30	－113.81
20	2018－6－14	华通转债	128040	AA－	2.24	36.51	0.43	－20.00	－8.62
21	2018－6－19	再升转债	113510	AA－	1.14	17.24	0.63	－7.00	－4.41
22	2018－6－20	千禾转债	113511	AA－	3.56	22.06	1.43	－25.00	－35.68
23	2018－6－27	广电转债	110044	AA	8.00	17.25	4.14	－40.00	－165.55
24	2018－6－28	湖广转债	127007	AA＋	17.34	14.28	10.13	－63.50	－643.12
25	2018－7－5	博世转债	123010	AA－	4.30	7.49	3.61	－11.20	－40.40
26	2018－7－6	景旺转债	113512	AA	9.78	11.53	2.30	180.00	413.45
27	2018－7－12	安井转债	113513	AA－	5.00	18.80	1.15	120.00	137.99

续表

序号	发行时间	名称	代码	评级	规模（亿元）	申购户数①（万）	单户中签数（个）	单签收益②（元）	单户收益（元）
28	2018-7-13	海澜转债	110045	AA +	30.00	13.50	10.20	-10.00	-101.98
29	2018-7-17	盛路转债	128041	AA	10.00	14.14	6.87	-10.00	-68.72
30	2018-7-18	德尔转债	123011	AA -	5.65	9.99	3.25	-19.50	-63.44
31	2018-7-20	威帝转债	113514	A +	2.00	6.08	2.83	18.90	53.52
32	2018-7-20	万顺转债	123012	AA -	9.50	5.39	17.25	-74.90	-1292.28
33	2018-7-26	高能转债	113515	AA	8.40	13.29	3.37	-20.20	-68.00
34	2018-7-26	横河转债	123013	A +	1.40	6.72	1.50	-70.00	-104.83
35	2018-7-27	凯发转债	123014	A +	13.50	4.17	4.54	-99.00	-449.88
36	2018-7-30	凯中转债	128042	AA	4.16	7.24	1.98	-70.00	-138.68
37	2018-8-2	吴银转债	113516	AA +	25.00	6.15	5.09	-28.00	-142.43
38	2018-8-2	东音转债	128043	AA -	2.81	4.30	2.13	-45.00	-95.93
39	2018-8-6	曙光转债	113517	AA	11.20	4.82	19.32	11.00	212.57
40	2018-8-13	蓝盾转债	123015	AA	5.38	3.44	12.72	-44.50	-566.18
41	2018-8-14	岭南转债	128044	AA	6.60	4.50	8.72	-39.00	-340.15
42	2018-8-27	机电转债	128045	AAA	21.00	9.39	1.19	161.20	192.58
43	2018-9-12	顾家转债	113518	AA	10.97	4.48	12.48	-10.00	-124.75
44	2018-10-17	利尔转债	128046	AA	8.52	4.64	1.84	0.26	0.48
45	2018-11-5	光电转债	128047	AA +	13.00	10.85	0.72	66.10	47.45
46	2018-11-7	长久转债	113519	AA	7.00	7.11	4.13	5.20	21.47
47	2018-11-7	洲明转债	123016	AA -	5.48	7.46	3.06	10.00	30.64
48	2018-11-8	百合转债	113520	AA -	5.10	9.72	2.27	30.00	68.21
49	2018-11-12	张行转债	128048	AA +	25.00	6.98	3.57	40.50	144.57
50	2018-11-16	科森转债	113521	AA	6.10	12.94	3.29	-19.90	-65.45
51	2018-11-16	特发转债	127008	AA	4.19	13.53	1.68	28.00	46.96
52	2018-11-19	桐昆转债	113020	AA +	38.00	10.29	1.92	-0.80	-1.54
53	2018-11-20	圆通转债	110046	AA +	36.50	12.82	2.08	10.10	21.05
54	2018-11-20	寒锐转债	123017	AA -	4.40	11.17	3.72	-29.50	-109.79
55	2018-11-22	旭升转债	113522	AA	4.20	6.51	3.18	100.30	318.50
56	2018-11-27	山鹰转债	110047	AA +	23.00	7.80	4.97	0.00	0.00

续表

序号	发行时间	名称	代码	评级	规模（亿元）	申购户数[①]（万）	单户中签数（个）	单签收益[②]（元）	单户收益（元）
57	2018-11-27	华源转债	128049	AA-	4.00	3.78	9.52	-35.60	-338.96
58	2018-12-7	福能转债	110048	AA+	28.30	5.48	1.96	40.00	78.38
59	2018-12-10	伟明转债	113523	AA	6.70	3.20	3.48	0.00	0.00
60	2018-12-10	钧达转债	128050	AA-	3.20	2.95	8.56	-27.70	-237.12
61	2018-12-14	奇精转债	113524	AA	3.30	3.45	5.74	-38.10	-218.73
62	2018-12-14	光华转债	128051	AA-	2.49	4.15	4.37	-34.99	-152.93
63	2018-12-17	台华转债	113525	AA	5.30	3.10	4.21	-1.00	-4.21
64	2018-12-18	海尔转债	110049	AAA	30.07	12.81	0.39	107.00	42.05
65	2018-12-19	佳都转债	110050	AA	8.75	3.19	23.50	35.00	822.59
66	2018-12-20	溢利转债	123018	AA-	6.65	1.82	23.48	0.00	0.00
67	2018-12-21	凯龙转债	128052	AA	3.29	1.85	14.42	60.00	865.31
合计							295.91		-1461.81

①按等效满额申购折算申购户数。

②按开盘价计算。

4. 2019 年可转债发行和申购数据

序号	发行时间	名称	代码	评级	规模（亿元）	申购户数①（万）	单户中签数（个）	单签收益②（元）	单户收益（元）
1	2019－1－14	冰轮转债	127009	AA	5.09	5.82	1.41	121.00	170.94
2	2019－1－21	平银转债	127010	AAA	260.00	17.12	0.45	140.00	62.93
3	2019－1－23	联泰转债	113526	AA	3.90	6.05	1.46	37.00	54.05
4	2019－1－24	维格转债	113527	AA	7.46	7.23	3.95	63.00	249.08
5	2019－2－14	尚荣转债	128053	AA	7.50	12.14	5.20	222.20	1155.51
6	2019－2－15	中宠转债	128054	A＋	1.95	8.45	1.28	97.50	124.45
7	2019－2－22	中来转债	123019	AA－	10.00	24.83	0.61	147.50	90.68
8	2019－2－27	长青转2	128055	AA	9.14	34.58	0.27	250.00	67.11
9	2019－2－28	中天转债	110051	AA＋	39.65	30.38	0.20	118.10	23.06
10	2019－2－28	今飞转债	128056	A＋	3.68	26.03	0.82	90.00	73.68
11	2019－3－1	长城转债	113528	AA－	6.34	28.92	0.38	135.00	50.76
12	2019－3－1	富祥转债	123020	AA－	4.20	25.59	0.41	200.00	82.37
13	2019－3－4	中信转债	113021	AAA	400.00	47.52	0.18	76.50	13.92
14	2019－3－4	万信转2	123021	AA	12.00	35.65	0.17	150.00	25.60
15	2019－3－5	贵广转债	110052	AA＋	16.00	47.28	0.12	199.90	24.19
16	2019－3－5	博彦转债	128057	AA－	5.76	44.33	0.51	150.00	76.67
17	2019－3－7	拓邦转债	128058	AA	5.73	57.08	0.62	200.00	124.29
18	2019－3－8	中鼎转2	127011	AA	12.00	53.80	0.08	200.00	16.61
19	2019－3－11	绝味转债	113529	AA	10.00	57.36	0.06	256.00	15.34
20	2019－3－11	视源转债	128059	AA	9.42	50.50	0.20	170.00	34.03
21	2019－3－12	浙商转债	113022	AAA	35.00	60.80	0.17	60.00	10.39
22	2019－3－14	苏银转债	110053	AAA	200.00	87.19	0.39	90.00	35.09
23	2019－3－15	伊力转债	110055	AA	8.76	64.78	0.18	250.00	45.29
24	2019－3－18	通威转债	110054	AA＋	50.00	63.56	0.11	180.00	19.97
25	2019－3－18	长信转债	123022	AA	12.30	48.58	0.11	122.10	13.10
26	2019－3－19	亨通转债	110056	AA＋	17.33	71.09	0.18	90.00	16.26
27	2019－3－20	迪森转债	123023	AA	6.00	55.04	0.22	80.10	17.27

续表

序号	发行时间	名称	代码	评级	规模（亿元）	申购户数①（万）	单户中签数（个）	单签收益②（元）	单户收益（元）
28	2019-3-21	岱勒转债	123024	A+	2.10	57.25	0.16	85.00	13.74
29	2019-3-22	招路转债	127012	AAA	50.00	74.88	0.70	-9.90	-6.93
30	2019-3-26	中装转债	128060	AA	5.25	69.22	0.51	70.00	35.62
31	2019-3-27	大丰转债	113530	AA	6.30	64.89	0.21	31.70	6.75
32	2019-3-27	启明转债	128061	AA	10.45	74.23	0.14	120.00	16.72
33	2019-3-29	百姓转债	113531	AA	3.27	80.68	0.33	98.80	32.73
34	2019-3-29	精测转债	123025	AA	3.75	67.17	0.21	120.00	25.01
35	2019-4-1	现代转债	110057	AAA	16.16	88.96	0.36	40.00	14.27
36	2019-4-2	海环转债	113532	AA	4.60	103.58	0.17	50.90	8.48
37	2019-4-2	亚药转债	128062	AA	9.65	104.82	0.29	80.00	23.07
38	2019-4-3	参林转债	113533	AA	10.00	109.56	0.55	60.00	32.75
39	2019-4-3	未来转债	128063	AA-	6.30	108.35	0.15	150.00	23.05
40	2019-4-8	核建转债	113024	AAA	29.96	120.14	0.20	30.00	5.97
41	2019-4-8	司尔转债	128064	AA	8.00	123.00	0.20	-25.00	-5.09
42	2019-4-9	鼎胜转债	113534	AA	12.54	113.74	0.21	-30.00	-6.23
43	2019-4-10	明泰转债	113025	AA	18.39	120.95	0.30	-25.30	-7.71
44	2019-4-15	核能转债	113026	AAA	78.00	126.78	0.31	30.00	9.28
45	2019-4-15	创维转债	127013	AA	10.40	118.75	0.26	-1.00	-0.26
46	2019-4-16	永鼎转债	110058	AA	9.80	118.68	0.14	-50.00	-7.19
47	2019-4-16	雅化转债	128065	AA	8.00	109.15	0.63	-49.99	-31.55
48	2019-4-17	亚泰转债	128066	AA	4.80	124.65	0.09	-11.10	-0.94
49	2019-4-19	一心转债	128067	AA	6.03	128.59	0.09	199.89	17.39
50	2019-5-9	大业转债	113535	AA	5.00	35.31	0.35	101.00	34.97
51	2019-5-31	三星转债	113536	AA	1.92	40.52	0.31	20.00	6.10
52	2019-6-4	和而转债	128068	AA-	5.47	41.09	0.83	20.00	16.59
53	2019-6-10	文灿转债	113537	AA-	8.00	35.79	1.03	21.20	21.84
54	2019-6-10	中环转债	123026	AA-	2.90	29.01	0.54	129.90	70.23
55	2019-6-11	蓝晓转债	123027	A+	3.40	32.82	0.22	92.00	20.56
56	2019-6-14	华钰转债	113027	AA	6.40	45.91	0.72	30.00	21.67

续表

序号	发行时间	名称	代码	评级	规模（亿元）	申购户数[①]（万）	单户中签数（个）	单签收益[②]（元）	单户收益（元）
57	2019-6-18	环境转债	113028	AAA	21.70	49.40	0.31	202.00	61.73
58	2019-6-19	清水转债	123028	AA-	4.90	27.12	0.86	31.00	26.60
59	2019-6-24	华森转债	128069	AA-	3.00	40.90	0.19	-1.10	-0.20
60	2019-6-28	安图转债	113538	AA	6.83	51.79	0.35	121.20	42.12
61	2019-7-2	智能转债	128070	A+	2.30	51.26	0.25	-19.00	-4.77
62	2019-7-3	圣达转债	113539	A+	2.99	56.75	0.31	80.00	24.67
63	2019-7-15	南威转债	113540	AA-	6.60	38.66	0.64	4.10	2.62
64	2019-7-23	荣晟转债	113541	AA-	3.30	39.27	0.63	0.10	0.06
65	2019-8-1	好客转债	113542	AA	6.30	50.54	0.56	38.80	21.56
66	2019-8-16	欧派转债	113543	AA	14.95	63.61	0.56	236.40	132.01
67	2019-8-16	英科转债	123029	AA-	4.70	44.91	0.40	190.00	75.32
68	2019-8-16	合兴转债	128071	AA	5.96	41.61	0.86	45.19	38.86
69	2019-8-20	九洲转债	123030	AA-	3.08	41.76	0.41	123.00	50.75
70	2019-8-20	翔鹭转债	128072	AA-	3.02	63.09	0.31	101.00	31.43
71	2019-8-22	哈尔转债	128073	AA-	3.00	56.46	0.38	110.00	42.16
72	2019-8-29	晶瑞转债	123031	A+	1.85	37.40	0.45	169.50	77.04
73	2019-9-20	桃李转债	113544	AA	10.00	83.90	0.31	140.10	43.94
74	2019-9-23	游族转债	128074	AA	11.50	76.41	0.93	100.10	93.56
75	2019-9-23	远东转债	128075	AA	8.94	79.10	0.16	50.00	8.10
76	2019-10-11	万里转债	123032	A+	1.80	46.61	0.25	31.28	7.72
77	2019-10-14	金能转债	113545	AA	15.00	82.95	0.35	12.00	4.16
78	2019-10-14	金轮转债	128076	AA-	2.14	84.80	0.16	70.00	10.97
79	2019-10-16	华夏转债	128077	AA-	7.90	94.55	0.21	162.00	33.80
80	2019-10-21	太极转债	128078	AA	10.00	88.74	0.43	175.00	75.04
81	2019-10-21	英联转债	128079	A+	2.14	73.77	0.15	59.90	8.75
82	2019-10-23	迪贝转债	113546	A+	2.30	87.41	0.15	20.00	2.96
83	2019-10-24	索发转债	113547	AA	9.45	90.25	0.23	31.10	7.07
84	2019-10-24	北方转债	127014	AA+	5.78	95.18	0.24	70.00	16.65
85	2019-10-28	浦发转债	110059	AAA	500.00	113.93	3.02	35.00	105.59

续表

序号	发行时间	名称	代码	评级	规模（亿元）	申购户数①（万）	单户中签数（个）	单签收益②（元）	单户收益（元）
86	2019－10－28	天路转债	110060	AA	10.87	111.29	0.19	64.90	12.37
87	2019－10－28	石英转债	113548	AA－	3.60	111.60	0.18	101.00	18.34
88	2019－11－1	金力转债	123033	AA－	4.35	55.57	0.40	130.00	52.02
89	2019－11－4	通光转债	123034	A＋	2.97	62.37	0.22	31.00	6.72
90	2019－11－11	川投转债	110061	AAA	40.00	100.00	0.11	155.50	17.76
91	2019－11－14	利德转债	123035	AA＋	8.00	72.26	0.52	90.00	46.56
92	2019－11－15	白电转债	113549	AA	8.80	98.84	0.33	80.00	26.72
93	2019－11－18	常汽转债	113550	AA－	9.92	115.46	0.44	80.00	34.87
94	2019－11－18	福特转债	113551	AA	11.00	120.34	0.07	195.00	13.38
95	2019－11－18	顺丰转债	128080	AAA	58.00	124.27	0.18	150.00	27.11
96	2019－11－21	海亮转债	128081	AA	31.50	117.04	0.23	99.97	22.57
97	2019－12－2	烽火转债	110062	AAA	30.88	121.97	0.20	203.00	40.58
98	2019－12－2	克来转债	113552	A＋	1.80	120.22	0.03	212.10	5.64
99	2019－12－4	华峰转债	128082	A＋	3.52	96.36	0.35	123.30	42.60
100	2019－12－11	先导转债	123036	AA	10.00	96.61	0.35	300.00	104.59
101	2019－12－12	新北转债	128083	AA	8.77	133.89	0.35	180.00	63.63
102	2019－12－13	鹰19转债	110063	AA＋	18.60	138.42	0.92	233.90	214.84
103	2019－12－13	金牌转债	113553	AA－	3.92	137.58	0.05	220.00	10.41
104	2019－12－16	明阳转债	113029	AA	17.00	151.92	0.47	201.00	95.10
105	2019－12－16	仙鹤转债	113554	AA	12.50	152.33	0.11	193.00	21.03
106	2019－12－16	木森转债	128084	AA	26.60	150.46	0.24	199.99	47.27
107	2019－12－16	鸿达转债	128085	AA	24.27	149.09	0.30	162.00	49.25
108	2019－12－17	国轩转债	128086	AA	18.50	159.05	0.18	300.00	54.96
109	2019－12－17	孚日转债	128087	AA	6.50	149.62	0.23	149.00	34.18
110	2019－12－19	振德转债	113555	AA－	4.40	162.22	0.07	239.80	16.01
111	2019－12－19	森特转债	113557	AA－	6.00	160.65	0.05	201.00	10.18
112	2019－12－19	新莱转债	123037	A＋	2.80	113.49	0.13	230.00	30.81
113	2019－12－20	建工转债	110064	AA＋	16.60	159.87	0.71	139.00	98.84
114	2019－12－20	至纯转债	113556	A＋	3.56	148.85	0.07	270.30	18.55

续表

序号	发行时间	名称	代码	评级	规模（亿元）	申购户数①（万）	单户中签数（个）	单签收益②（元）	单户收益（元）
115	2019-12-23	淮矿转债	110065	AAA	27.57	157.61	0.17	150.00	25.20
116	2019-12-23	日月转债	113558	AA	12.00	157.96	0.32	245.00	79.11
117	2019-12-23	永创转债	113559	AA-	5.12	152.13	0.14	213.30	30.79
118	2019-12-24	东风转债	113030	AA	2.95	158.28	0.11	110.00	11.72
119	2019-12-24	深南转债	128088	AA	15.20	159.88	0.64	300.00	192.58
120	2019-12-25	联得转债	123038	A+	2.00	115.40	0.10	300.00	29.46
121	2019-12-26	开润转债	123039	A+	2.23	122.42	0.08	220.00	18.34
122	2019-12-26	麦米转债	128089	AA-	6.55	171.35	0.16	260.01	41.70
123	2019-12-27	汽模转2	128090	AA	4.71	161.74	0.17	300.00	51.24
124	2019-12-30	新天转债	128091	A+	1.77	161.55	0.06	140.00	8.26
125	2019-12-30	唐人转债	128092	AA	12.43	168.51	0.41	80.00	33.16
126	2019-12-31	正裕转债	113561	A+	2.90	168.44	0.11	80.00	9.17
合计							54.14		5891.37

①按等效满额申购折算申购户数。

②按开盘价计算。

5. 2017 年以来发行的可转债已退市数据（2017 年 9 月 25 日—2020 年 4 月 30 日）

序号	转债代码	转债名称	最后交易价格（元）	发行规模（亿元）	发行日期	最后交易日	存续年限（年）	退市原因
1	123021	万信转 2	154.020	12.00	2019－3－4	2020－4－13	1.1	强赎
2	110050	佳都转债	132.280	8.75	2018－12－19	2020－4－8	1.3	强赎
3	128055	长青转 2	116.100	9.14	2019－2－27	2020－4－2	1.1	强赎
4	113517	曙光转债	117.520	11.20	2018－8－6	2020－3－30	1.6	强赎
5	128016	雨虹转债	147.900	18.40	2017－9－25	2020－3－27	2.5	强赎
6	123019	中来转债	106.302	10.00	2019－2－25	2020－3－25	1.1	强赎
7	113540	南威转债	122.530	6.60	2019－7－15	2020－3－24	0.7	强赎
8	113510	再升转债	120.190	1.14	2018－6－19	2020－3－24	1.8	强赎
9	110046	圆通转债	100.230	36.50	2018－11－20	2020－3－20	1.3	强赎
10	123009	星源转债	108.369	4.80	2018－3－7	2020－3－19	2	强赎
11	110054	通威转债	107.500	50.00	2019－3－18	2020－3－16	1	强赎
12	128038	利欧转债	249.005	21.98	2018－3－22	2020－3－16	2	强赎
13	123016	洲明转债	130.000	5.48	2018－11－7	2020－3－11	1.3	强赎
14	113539	圣达转债	161.510	2.99	2019－7－3	2020－3－10	0.7	强赎
15	128061	启明转债	149.640	10.45	2019－3－27	2020－3－3	0.9	强赎
16	113522	旭升转债	158.580	4.20	2018－11－22	2020－2－27	1.3	强赎
17	113538	安图转债	187.090	6.83	2019－6－28	2020－2－18	0.6	强赎
18	128060	中装转债	166.600	5.25	2019－3－26	2020－2－12	0.9	不足3000万元
19	123003	蓝思转债	182.402	48.00	2017－12－8	2020－2－7	2.2	强赎
20	128068	和而转债	129.030	5.47	2019－6－4	2020－2－5	0.7	强赎
21	113523	伟明转债	155.780	6.70	2018－12－10	2020－2－5	1.2	强赎
22	128020	水晶转债	134.000	11.80	2017－11－17	2020－1－23	2.2	强赎
23	113533	参林转债	142.290	10.00	2019－4－3	2020－1－16	0.8	强赎
24	110049	海尔转债	132.020	30.08	2018－12－18	2019－12－16	1	强赎
25	113529	绝味转债	158.520	10.00	2019－3－11	2019－11－21	0.7	强赎

续表

序号	转债代码	转债名称	最后交易价格（元）	发行规模（亿元）	发行日期	最后交易日	存续年限（年）	退市原因
26	128047	光电转债	129.027	13.00	2018－11－5	2019－10－15	0.9	强赎
27	127009	冰轮转债	130.799	5.09	2019－1－14	2019－10－14	0.7	强赎
28	128027	崇达转债	123.000	8.00	2017－12－15	2019－10－9	1.8	强赎
29	127010	平银转债	123.880	260.00	2019－1－21	2019－9－18	0.7	强赎
30	113015	隆基转债	154.190	28.00	2017－11－2	2019－9－3	1.8	强赎
31	128024	宁行转债	125.700	100.00	2017－12－5	2019－8－21	1.7	强赎
32	110040	生益转债	167.560	18.00	2017－11－24	2019－7－31	1.7	强赎
33	113513	安井转债	141.290	5.00	2018－7－12	2019－7－4	1	强赎
34	113018	常熟转债	131.630	30.00	2018－1－19	2019－5－16	1.3	强赎
35	123006	东财转债	138.588	46.50	2017－12－20	2019－5－10	1.4	强赎
36	113506	鼎信转债	128.200	6.00	2018－4－16	2019－4－26	1	强赎
37	123008	康泰转债	168.658	3.56	2018－2－1	2019－4－26	1.2	强赎
38	113512	景旺转债	120.270	9.78	2018－7－6	2019－4－23	0.8	强赎
39	123005	万信转债	145.800	9.00	2017－12－19	2018－8－20	0.7	强赎
40	110039	宝信转债	141.390	16.00	2017－11－17	2018－7－6	0.6	强赎
41	113507	天马转债	123.290	3.05	2018－4－17	2019－11－4	1.6	不足3000万元

数据来源：集思录。

6. 可转债相关的部分法律、法规及规则

《上市公司证券发行管理办法》（2020 年修订）

《证券发行与承销管理办法》（2018 年修订）

《上海证券交易所交易规则》（2020 年第二次修订）

《上海证券交易所股票上市规则》（2019 年修订）

《上海证券交易所证券发行上市业务指引》（2018 年修订）

《上海证券交易所上市公司可转换公司债券发行实施细则》（2018 年修订）

《上海证券交易所上市公司可转换公司债券发行上市业务办理指南》（2018 年修订）

《上海证券交易所债券交易实施细则》（2019 年修订）

《深圳证券交易所交易规则》（2020 年修订）

《深圳证券交易所股票上市规则》（2018 年 11 月修订）

《深圳证券交易所可交换公司债券发行上市业务办理指南》（2018 年 12 月修订）

《深圳证券交易所可转换公司债券业务实施细则》（2018 年 12 月修订）

《深圳证券交易所上市公司可转换公司债券发行上市业务办理指南》（2018 年 12 月修订）

《深圳证券交易所债券交易实施细则》（2020 年修订）

《创业板上市公司证券发行注册管理办法（试行）》

7. 数据来源和相关网站

集思录：可转债数据较全面的专业投资网站。

内容包括：①待发可转债数据；② 已上市可转债数据；③ 回售数据；④ 强赎数据。

雪球网：用于查找正股、可转债信息、公告和相关讨论的财经类网站。

深交所可转债上市进程查询。扫码后，在“业务类别”中选“可转换公司债券上市申请”进行查询。

上交所可转债公告查询。

后记

2017年可转债信用申购以来，我一直在“雪球”和“集思录”上定期发文，内容是整理每个季度可转债网上申购的相关数据并对可转债市场整体状况进行分析。而具体到每一只可转债的申购分析和上市价格预估，我并不参与。当时“雪球”球友“浩渺的星空”专注这一块内容的研究，文字洋洋洒洒，又配上各种数据图表，煞是好看。我与其曾多有交流，心有戚戚。

但是，2018年的11月，在写下了100余篇可转债申购和上市价格预估的分析文章后，星空君忽然消失了，从此，杳无音信。今天一签难求的可转债申购者一定想象不到，2018年可转债的“冬天”有多冷——满额申购少则中3、5签，多则超过20签，而可转债一上市，破发的情况更是家常便饭。那时对于可转债申购和上市价格预估的要求非常高，因此“浩渺的星空”的缺位，导致大量的可转债申购者茫然无措，他们纷纷请我帮忙分析可转债。一番犹豫和踌躇之后，我在2018年底写下了《2019年，播种可转债的种子》，然后从2019年开始，对每一只新上市的可转债进行分析。

似乎是冥冥之中的天意，2019 年开始，市场中可转债发展的方向一一印证了我在 2018 年底的文章。平银转债单账户不足一签的测算结果更是一举获得了大量申购者的信任。2019 年我的文章仅“雪球”阅读量就超过了 1.6 亿次，我也获得了“雪球 2019 年度十大影响力用户”的荣誉。不过，回头一看，有些时候看起来的必然，不过是由当时无数个偶然组成的罢了。

很多投资者已经不满足从我这里获得结果，他们急切地想知道我的投资逻辑、分析依据和计算方法。“授人以鱼不如授人以渔。”2019 年底我打算写本书，分享我的投资方法。思来想去，我找到优美和定风波一起写稿。不过好事多磨，突如其来的新冠疫情让我从大年初一开始就暂时放下了书稿的写作，转而投身工作，直到 3 月下旬，初稿才得以完成。也幸亏有优美和定风波的鼎力相助，这本书才最终得以问世。

君子和而不同。在写作的过程中，我们三人也偶有意见相左的时候。比如定风波大师认为严格根据数据建立组合并调仓是最优的，而我更看重个人主观判断并适当人工筛选。在“摊大饼”策略中，优美倾向于适当集中，而我倾向于严格分散。对于这些不同的操作思路，各位读者可以在实践中琢磨体会，找到最适合自己的方式，不必拘泥照本宣科。

趁着 2020 年“五一”节连放五天的工夫，这本书得以最终成型。其间离不开出版社燕丽丽博士的辛勤付出，她的仔细批阅确保了本书的质量。对此，我们表示由衷感谢！

我的女儿每天唠叨，担心我写的书没有人看。希望她的担心是多余的。

最后，希望看了这本书以后，各位读者通过可转债获得收益后，能多陪爱人看一场电影，或者给母亲买一瓶眼霜，抑或陪孩子出门郊游一次。我觉得，这些才是投资的意义！

饕餮海

2020 年 5 月 3 日于成都